スピードトレーニング
英語の聴解

松本 茂
[監修]

立山利治／板場良久／デニス・スミス
[著]

The Japan Times

本書は、1996年にサイマル・アカデミーから発行された『リスニングマスター』
を加筆・修正したものです。

はじめに

　この本は、「ネイティブ・スピーカーが話す普通の速さの英語を聴いてわかるようになりたい！」という方のために作成されました。

　外国語を習う際に、最初はかなり速度の遅いものを聴かせるのは当然なことです。しかし、何年学習しても、遅いものばかりを聴いているのは問題です。

　ネイティブ・スピーカーが普通の速さで話していることを理解できないとコミュニケーションに支障をきたします。だからといって、まったく意味もわからないものをBGMのように聞き流していてもリスニングの力はつきません。

　そこで、この本では〈ゆっくり〉〈やや速い〉〈ノーマルスピード〉の3段階のスピードの英語を聴くように作成してあります。

　また、天気、旅行、スポーツ、家族、料理、健康、仕事、日本文化、環境、ビジネスといった内容を網羅し、コミュニケーションの形態も「会話」「インタビュー」「電話」「講演・スピーチ」「アナウンス」「テレビ放送」など多岐にわたっていますので、内容理解にもバッチリ準備ができます。

　この本で、速い英語を聴き取れるようにあなたの耳をバージョンアップしてください。

　最後になりましたが、本書の編集を担当していただいたジャパンタイムズの霜村和久氏に深く感謝申し上げます。

2000年春
松本　茂

はじめに……03
本書の構成……08
本書の使い方……12

	タイトル【コミュニケーション形態】
WEEK 1	**Weather／天気**
DAY 1	アレックス、そちらはどんな状況ですか【テレビ放送】
DAY 2	それでは全国の天気を見てみましょう【テレビ放送】
DAY 3	お電話ありがとうございます【電話】
Try It Out!	
WEEK 2	**Travel／旅行**
DAY 4	あれ、僕の乗る便だよ【会話】
DAY 5	エアウェーブズをご利用いただきありがとうございます【アナウンス】
DAY 6	迷子のお知らせをします【アナウンス】
Try It Out!	
WEEK 3	**Sports／スポーツ**
DAY 7	おめでとうございました、ベイリーコーチ【インタビュー】
DAY 8	こうしたことすべてが大切なのです【講演・スピーチ】
DAY 9	ここでロバートソンに1本ほしいところですねえ【テレビ放送】
Try It Out!	
WEEK 4	**Family／家族**
DAY 10	おわかりいただけましたでしょうか【講演・スピーチ】
DAY 11	フランクはどうしつけているの？【会話】
DAY 12	結婚すると…【講演・スピーチ】
Try It Out!	
WEEK 5	**Cooking／料理**
DAY 13	豆腐を材料にできる料理の一例です【講演・スピーチ】
DAY 14	完璧な食事とは…【講演・スピーチ】
DAY 15	その秘けつは何ですか【インタビュー】
Try It Out!	

CONTENTS

リスニングの基礎演習	やりなおし英語・ワンポイントレッスン	Page
大意の把握 (1)	速さに慣れる	15
大意の把握 (2)	英英辞典を使う	21
大意の把握 (3)	単語を覚える	27
		33
メモを取る・絵を描く (1)	have (has) got/as soon as…	35
メモを取る・絵を描く (2)	due to…/change/apologize	41
メモを取る・絵を描く (3)	wear/Would…please 〜?/jeans	47
		53
発音練習・母音 (1)	時制を一致させる	55
発音練習・母音 (2)	提案を求める	61
発音練習・子音	during/for/in	67
		73
発音練習・音変化 (1)	形式主語の it (1)	75
発音練習・音変化 (2)	動詞を形容詞にする	81
発音練習・音変化 (3)	動詞＋ to…と動詞＋〜 ing	87
		93
声に出して読む練習 (1)	2つの文をつなげる	95
声に出して読む練習 (2)	助言や提案の強弱を表す	101
声に出して読む練習 (3)	頻度を表す	107
		113

	タイトル【コミュニケーション形態】

WEEK 6　Health／健康

- DAY 16　喫煙者を治療するには…【講演・スピーチ】
- DAY 17　ストレスがたまり過ぎていますね【会話】
- DAY 18　食べる前によくチェックしましょう【講演・スピーチ】
- Try It Out!

WEEK 7　Jobs／仕事

- DAY 19　会社やめるの？【会話】
- DAY 20　業績は好調です【講演・スピーチ】
- DAY 21　何か思いあたることはあるかい？【会話】
- Try It Out!

WEEK 8　Japanese Culture／日本文化

- DAY 22　三島の世界へようこそ【アナウンス】
- DAY 23　お楽しみいただけましたでしょうか【アナウンス】
- DAY 24　いいですか、靴は脱いでください【講演・スピーチ】
- Try It Out!

WEEK 9　Environment／環境

- DAY 25　道理でウミガメが急に姿を消しているわけね【会話】
- DAY 26　きれいな明日のために働きましょう【講演・スピーチ】
- DAY 27　それは考えたこともありませんでした【会話】
- Try It Out!

WEEK 10　Business／ビジネス

- DAY 28　ビジネスの授業はどうですか【会話】
- DAY 29　為替レートとは…【講演・スピーチ】
- DAY 30　起業家の貢献は無視できません【講演・スピーチ】
- Try It Out!

Try It Out!解答と解説……215

リスニングの基礎演習	やりなおし英語・ワンポイントレッスン	Page
Partial Dictation (1)	形式主語の it (2)	115
Partial Dictation (2)	感想を表す	121
Partial Dictation (3)	可能性を表す	127
		133
Dictation (1)	Do you know…?	135
Dictation (2)	make の用法 (1)&(2)	141
Dictation (3)	the way (that)…	147
		153
Sight Translation (1)	help/lead/dedicate	155
Sight Translation (2)	reach/other/hope	161
Sight Translation (3)	remember/take off/can	167
		173
逐次通訳 (1)	finish/die from, die of/get と be	175
逐次通訳 (2)	as well/Incredible as it may seem…/	
	hundreds of thousands	181
逐次通訳 (3)	look/We wouldn't have polluted water./	
	in the first place	187
		193
Shadowing (1)	How do you like…?/make money	195
Shadowing (2)	one, another/each/now that	201
Shadowing (3)	for/as/let's never…	207
		213

装丁／中山 銀士
本文レイアウト／宇野 いづみ
イラスト／中島 玲
編集協力／松本 静子

【本書の構成】

本書を効果的に活用するために、
まず各項目のねらいを理解しておきましょう。

① LISTENING の基礎演習

まず、リスニングの基礎力をつけましょう。「大意の把握」から「シャドウイング」まで、各WEEKごとにさまざまな学習法を利用し、リスニング力を効果的に向上させていきましょう。なお、演習によってはCDを使用しますが、その場合CDマークの下に記載されているトラックを選び、テキストの指示をよく読んでからとりかかってください。

② 本文

CDに録音されている英文です。重要表現は太字になっています。リスニング力に自信のある方は、このページを見る前にまずCDを聞いてみましょう。英文内容は「会話」「インタビュー」「電話」「講演・スピーチ」「アナウンス」「テレビ放送」のいずれかです。英語を聞いて理解するには、こうしたいろいろなコミュニケーション形態に慣れることが大切です。

Reporter: I'm here in the locker room of national champions, the Hedgeh With me is head coach Billy Bailey. how does it feel to be number one?
Coach Bailey: Just great. But I knew we'd be champions.
Reporter: You knew that this would be a good ye
Coach Bailey: **You betcha.** The boys promised me they were gonna **win the troph** wantcha to know I'm **proud of** 'em.
Reporter: **Congratulations**, Coach Bailey!

Vocabulary

- **locker room**
  ロッカールーム
- **head coach**
  ヘッドコーチ
- **win the trophy**
  優勝する
- **proud of...**
  …を誇りに思う、…を自慢している

③ VOCABULARY

本文を理解するために重要な語彙とその和訳です。

WEEK 3 SPORTS

DAY 7 おめでとうございました、ベイリーコーチ

LISTENINGの基礎演習 ①

発音練習・母音 ①

中国語の発音の上達が早い人は耳が良いと言われます。また、正確な発音練習をしようとすれば、正確なリスニング力が要求されます。いろいろな音を聞いて発音練習することはリスニング力をアップさせるのにも役立つでしょう。今回のレッスンでは母音を取り上げます。英語の母音は日本語のア、イ、ウ、エ、オの音に類似しているものの、実際には微妙に違っており、強さも違います。

a. [e]は短い音ですが、日本語の「エッ」のように詰まりません。一方、[ei]は「エー」ではなく「エイ」となるように注意しましょう。では後について発音してみましょう。
　　[e]　head　　hedge
　　[ei]　great　 Bailey

b. [ou]はあくまで「オウ」であって、「オー」と伸ばさないように注意しましょう。例えばcoachのcoa-は「コー」ではなく「コウ」となります。
　　[ou]　coach　trophy

c. [i]は短く、日本語の「イ」と「エ」の中間音のように聞こえます。一方、[i:]はしっかりと長く発音しないと意味の違う語になることがあるので注意しましょう。
　　[i]　bit　　Phil　　pill
　　[i:]　beat　feel　　peal

では次に聞き取りの練習です。下のペアのどちらの単語が発音されたかを聞き取ってください。

Q1　A. Bailey　　B. belly
Q2　A. feel　　　B. fill
Q3　A. Paul　　　B. pole

【答】 Q1 B　Q2 A　Q3 A

WEEK 3 SPORTS .... DAY 7

―ター：　ナショナルチャンピオンのヘッジホッグズのロッカールームから中継いたします。お隣には、ヘッドコーチのビリー・ベイリーさんにおいでいただきました。コーチ、優勝を決めたご感想をお聞かせください。

―コーチ：　最高です。でも、きっと優勝すると思ってました。

―ター：　今年は良い年になるとわかっていたというわけですか。

―コーチ：　そうです。選手たちも**優勝**するんだって約束してくれていましたし、心から誇りに思っているんですよ。

―ター：　おめでとうございました、ベイリーコーチ！

⑤ 生の英語

You betcha.
「そのとおり」。You bet.のほうがやや丁寧。You're welcome.「どういたしまして」の意味で使うこともあります。

wantcha
　want youの俗語表現

Congratulations!
「おめでとう！」。必ず複数形。アメリカの口語では"Congrats!"と略す場合もあります。

---

④ 和訳

本文の訳です。重要表現の訳は太字になっています。

⑤ 学校では習わない生の英語

本文で出てくる「英語らしい表現」です。こうした言い方が使えるようになれば、あなたの英語も生き生きとしてきます。

6 Questions

本文が理解できたかどうかをチェックするための設問です。本文と質問文は、
「ノーマルスピード（★★★）」――
「質問文」――
「ゆっくり（★）」――
「やや速め（★★）」――
「ノーマルスピード（★★★）」――
「質問文」――
の順で録音されています。本文の録音スピードが3段階になっていますので、自分がどのスピードで理解できるかが確認できます。

CDを聴いて、設問に答えましょう。

1-33
1-34
1-35
1-36

Question 1

A. B. C. D.

Question 2

A. How it feels to be number one
B. How the year felt
C. How it feels to be the head coach
D. How he trained the team

Question 3

A. His players promised him they would be.
B. He made a bet.
C. His team is always number one.
D. He has many trophies.

---

8 やりなおし英語・ワンポイントレッスン

リスニングに必要な英語の基礎知識や語彙表現が紹介されています。例文や練習問題を活用し、理解を深めてください。

やりなおし英語
ワンポイントレッスン

時制を一致させる

未来のことを話す場合はwillやis/are/am goingで表しますが、過去のある時点から見た未来のことを話す場合には、wouldやwas/were going toのような形で表します。

例えば、Tom will be home by seven.と言えば、単純に「トムは7時までに帰宅します」という未来表現になりますが、そのことをTomが過去のある時点で言った場合にはTom said he would be home by seven.「トムは7時までに帰宅しますと言いました」となります。

では、このことに注意しながら、次の例にならって、以下の英文を過去から表された未来表現に書き換えましょう。

例 I know we will be the champions.
→ I knew we would be the champions.

例 I think he can come to the meeting.
→ I thought he could come to the meeting.

1. I know that this will be a good year.

   I knew that _____.

2. They've just promised me that they are gonna win the trophy.

   They promised me that _____.

3. Dad says that I can use his car in the afternoon.

   Dad said that _____.

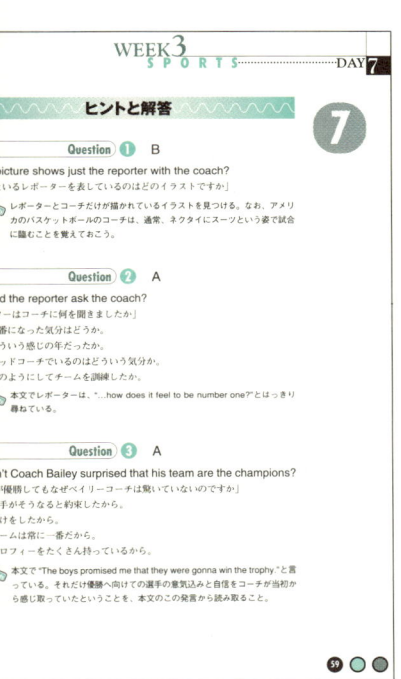

ヒントと解答

録音されている質問文とその和訳、選択肢の和訳（必要な場合のみ）、さらにそれぞれの設問に答える際のヒントが書かれています。間違えたり、わからなかった箇所の復習に役立ててください。

Try It Out!

各 WEEK の終わりに練習問題が 2 問あります。リスニング力がどれだけついたかを確認しましょう。解答と解説は巻末にあります。

CD マークについて

CD に録音されている箇所には CD マークがついています。

は Disk 1 の 5 番めのトラックに入っているという意味です。

本書の使い方

ノーマルスピードに慣れるために

　本書は内容面・英語面ともWEEK 1から段階的に難易度が上がっていくように構成されていますので、できるかぎりはじめから順番に学習してください。

リスニング能力向上のためのコツを身につけよう！

　ただ漠然と英語を聴いていても、リスニング力を短期間に向上させることはできません。それなりのコツと訓練法があります。本書では各DAYの最初のページで、そのコツと訓練法を紹介します（LISTENINGの基礎演習）。

　日本の多くの英語学習者は、一字一句もらさず聴こうとする態度がしみついているのではないかと思います。これでは、1つでもわからない単語が聞こえてくると立ち往生してしまいます。ですから、速度を落とした英語を聴く練習ばかりをしてしまいがちです。しかし、コミュニケーションのために必要なのは、速い英語を聴いて概要とポイントをつかむ力です。

3段変速方式で英語耳を作ろう！

　LISTENINGの基礎演習を学習し終えたら、そのDAYの本文をCDで聴いてみましょう。しかし、その際にテキストは見ないようにしてください。むずかしくてまったく歯が立たないと思ってもガッカリする必要はありません。後でたっぷりと聴くチャンスはあります。本文を1回聴いたら、4ページめのQuestionsに進んでください。

　Questionsでは、また同じ本文を計4回聴きます。それも、ノーマルスピード→（質問文）→ゆっくり→やや速め→ノーマルスピード→（質問文）と**3段変速方式**となっています。スポーツをする際にウオーミングアップをするように、速い英語に耐えられる**「英語耳」**を徐々に作り上げていきます。

　問題を解いたらすぐに答え合わせをしてもよいのですが、少しむずかしいと感じた問題はヒントを読んだ後にまたトライしてみるのもよいでしょう。そして間違えたとこ

ろはその原因を自己分析してください。ご自身の弱点が見えてくればしめたものです。

英語のやり直しレッスンで基礎固め！

「英語の基礎ができていない」と感じる学習者は驚くほど多いようです。もしかしてあなたも、「今さらこんなことだれにも聞けない」と思っていることがあるのでは？ そんな悩みを解消していただくために、6ページめのやり直し英語・ワンポイントレッスンがあります。基礎的なことを復習して自信をつけてください。何事も基礎が大切です。なかには「こんなこと知っているよ」と思われる説明もあるかと思います。そうしたらその項目はOKということですから読み飛ばしてください。

仕上げにもう一度聴こう！

最後に2～3ページめに戻り、ノーマルスピードの英語をもう一度聴いてみましょう。最初とは比べものにならないほど、よく理解できるはずです。

このあとは、2ページめのVocabularyをチェックしたり、3ページめの学校で習わない生の英語の部分を読んだりして、レベルアップを図ってください。

さらに、2ページめの英文スクリプト（会話、インタビュー、スピーチなど）を使って発話練習まで行えば完璧です。リスニングの力だけでなく、スピーキングの力も向上するでしょう。

練習問題にチャレンジ！

各WEEKの最後に練習問題Try It Out!がありますので、実力を試してください。それまでの学習が身についているかを自己チェックできるようになっています。どういった内容や音がキャッチできていないのか、自分の聴き方に問題はないか、といったことを自己分析してください。ただし、満点を取れなくともあまり気にせずに、次のWEEKに進んでください。

楽しく学習を進められることを祈っております。

松本　茂

WEEK 1 WEATHER

DAY 1 アレックス、そちらはどんな状況ですか

LISTENINGの基礎演習
知らない語があっても ポイントをつかみとろう！

大意の把握

すべての単語を聞き取ろうとするような聞き方をしてはいけません。そのような聞き方をすると「木を見て森を見ず」ということになりかねないからです。それよりも、**概要をつかむように心がけましょう**。わからない単語が出てくるたびに思考がストップしてしまうようでは、リスニング力はアップしません。それでは、CDでノーマルスピードの会話★★★（トラック02）を3回聞いて、それぞれ1回ごとに以下の質問に答えてください。

1　天気は良いのか、悪いのか。

2　何か降っているのか。降っているとしたら、それは何か。

3　アレックスがいるところはどうなっているのか。

[答] 1. とても悪い　2. 雪が降っている　3. 閉鎖されている

Jerry: Now for **a live weather update** from Alexander James. Alex, **what's the situation?**

Alex: Jerry, I'm in the mountains, outside of Jackson's Pass. Behind me, the pass is completely closed. **Traffic can't move in either direction.**

Jerry: It does appear to be bad there.

Alex: It definitely is, Jerry. In the past six hours **the weather has been terrible.** First we had torrential rain. Soon after we got a hailstorm. Now there's heavy snow.

• •

 ocabulary

- **live**
  （放送・番組などが）生の、実況の
- **update**
  最新情報 [ʌ́pdèit]
- **pass**
  峠、山道
- **traffic**
  通行、交通、往来
- **torrential**
  どしゃ降りの
- **hailstorm**
  あられやひょうを伴う嵐
- **heavy**
  激しい、強い

WEEK 1
WEATHER — DAY 1

ジェリー：	それではアレクサンダー・ジェイムズ記者から、**現在の天候に関するレポート**です。アレックス、どんな状況ですか。
アレックス：	ジェリー、今私は、ジャクソン峠を越えた山あいに来ております。私の後ろの峠道は完全に閉鎖されております。**上下線とも交通がストップしております**。
ジェリー：	そちらはひどい状況のようですね。
アレックス：	まったくそのとおりですよ、ジェリー。これまでの6時間は**ひどい天候**でしたね。まず、どしゃ降りの雨が降りました。そのすぐ後に大量のあられが降りまして、今は大雪になっています。

学校では習わない 生の英語

- ★ **Now for…**
  ニュースなどで「さて次は…」という決まり文句。
- ★ **Alex, …**
  日本のニュースでは「○○さん、そちらはいかがですか」とレポーターを名字で呼びかけるが、英語の放送ではニックネームを使うのがふつうです。
- ★ **It does appear…**
  「ほんとうに…のようですね」と強調するために appears を does appear と言っています。

CDを聴いて、設問に答えましょう。

1-02
1-03
1-04
1-05

Question ❶

A.

B.

C.

D.

Question ❷

A. Jackman's Pass

B. Jackson's Bass

C. Jackman's Bass

D. Jackson's Pass

Question ❸

A. It's stopped.

B. It's moving fast.

C. It's moving slow.

D. It's moving in one direction.

WEEK 1
WEATHER .... DAY 1

ヒントと解答

Question 1 A

Which car is in the hail?
「あられが降る中を走っている車はどれですか」

 質問文で使われている in the hail は「あられが降る中」という意味なので A が正解。C は in the snow「雪の中」。その他、同じような言い方に in the rain「雨の中」がある。

Question 2   D

Where is Alex?
「アレックスはどこにいますか」

 Jackson's の son の部分は「スン」のように聞こえる。[p] と [b] の音の違いに注意。bass には「低音」「バス（魚）」「シナノキ（植物）」という意味しかない。

Question 3   A

What is the traffic doing?
「道路はどういう状態ですか」

A. 流れが止まっている。
B. 速く流れている。
C. 流れが遅い。
D. 一方方向に流れている。

 "…the pass is completely closed. Traffic can't move in either direction." とあるので、どちらの方向にも進めない状態である。traffic は自動車などの往来を意味する。

やりなおし英語
ワンポイントレッスン

速さに慣れる

　最初のレッスンにしては速くてむずかしいと感じた方もいらっしゃるかもしれません。日本の学習者はこれまで、極度にスピードを落とした英語ばかりを教材として利用する傾向がありました。しかし、**速さに慣れないと実際のコミュニケーションについていけません**。

　この教材の付属CDには、英文が★から★★★までの3段階の速さで録音されています。★★★は実際に話されている速度です。はじめは速く聞こえても、この教材を終えるころには速さに耐えられるようになりますから、あきらめずにとにかく続けましょう。

　さて、リスニング力をつけるために留意していただきたい点が3つあります。

　まず第一に、**英語を聞きながら日本語に訳すのはやめましょう**。耳に残った英単語をそのまま頭にインプットするように努力してください。

　第二に、**話の流れを押さえるように心がけましょう**（最初のうちはできなくても気にすることはありません）。

　そして第三に、**初めからがんばりすぎるのはやめましょう**。1日15分のペースでも結構です。「〇％しかわからなかった」と考えずに、「〇％もわかった」と考えて、気楽に、明るくやりましょう。英語学習でも**プラス思考**が大切です。

WEEK 1 WEATHER

DAY 2 それでは全国の天気を見てみましょう

LISTENINGの基礎演習
知らない語があってもポイントをつかみとろう！

大意の把握

今回は地域ごとに情報を把握する練習をしましょう。天気予報を聞き取る場合、**自分に関係する地方の天気だけがわかれば十分です。**全国の天気をすべて聞き取ろうとする人は少ないでしょう。そこで、今回は実践的な聞き方のトレーニングを行います。

それでは、CDで★★★（トラック06）を4回聞いて、それぞれ1回ごとに以下の地域の天気を英語で書いてください。詳しく書けないときは、fair（晴れ）、cloudy（曇り）、rain（雨）、snow（雪）など主なことだけでもかまいません。

1　upper western states:

2　lower western states:

3　the middle of the country:

4　along the Canadian border:

【訳】1. light rain　2. very dry　3. beautiful weather/fair　4. heavy snow

 Now **let's take a look at** the national weather. There is light rain falling across the upper western section of the country. In the lower western states, it's still very dry as temperatures continue to be high. **Due to this long warm front**, the middle of the country has beautiful weather. There's heavy snow falling here along the Canadian border. It's cold and clear in the northeast. In the South, **conditions are generally mild**.

● ●

Vocabulary

- **national weather**
  全国の天気
- **light rain**
  小雨
- **temperature**
  気温
- **due to…**
  …のため
- **warm front**
  温暖前線
- **border**
  国境
- **mild**
  穏やかな、温暖な

WEEK 1 WEATHER — DAY 2

それでは全国の天気を見てみましょう。北西部の地域沿いに小雨が降っています。南西部の州では、気温が依然として高く、とても乾燥した状態が続いています。この長い**温暖前線**のため、中央部ではすばらしい天気になっています。カナダとの国境付近では大雪になっています。北東部では寒く、晴れわたっています。南部地方は**全般**に穏やかな天候です。

学校では習わない生の英語

- ★ **take a look at...**
  「…を見る」。look at…と同義。
- ★ **Canadian border**
  「カナダとの国境地帯」
- ★ **conditions**
  「周囲の状況、様子」。weather conditions（気象状況）という語句をよく使います。

CDを聴いて、設問に答えましょう。

1-06
1-07
1-08
1-09

Question 1

A.
B.
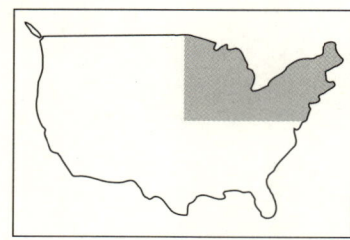
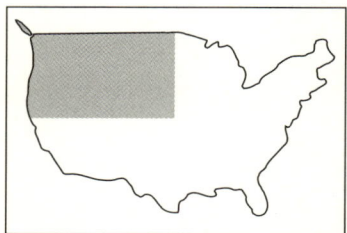

C.
D.
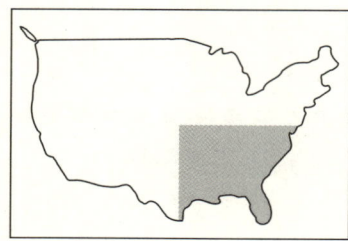
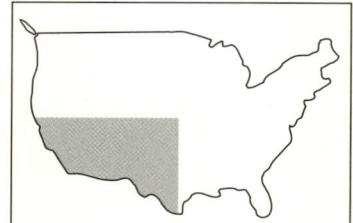

Question 2

A. The upper western states

B. The lower western states

C. The South

D. The middle of the country

Question 3

A. In the northeast

B. In the South

C. Along the Canadian border

D. In the middle of the country

WEEK 1 WEATHER DAY 2

ヒントと解答

Question 1 B

Which is the upper western part of the United States?

「アメリカの北西部はどれですか」

 upper western part とは、「上の西の部分」すなわち「北西部」のことなので、Bが正解。正式には northwestern part と言う。upper は「アッパー」のように促音（ッ）をつけては発音しない。

Question 2 B

Where are the temperatures high?

「気温が高いのはどこですか」

A. 北西部の州
B. 南西部の州
C. 南部
D. 国の中央部

 lower western states「南西部の州」では "…temperatures continue to be high." とあるのでBが正解。正式には southwestern states と言う。

Question 3   C

Where is there heavy snow?

「大雪になっているのはどこですか」

A. 北東部
B. 南部
C. カナダ国境付近
D. 国の中央部

 本文で、"…here along the Canadian border." と言っているのでCが正解。here という言葉を使っているのは、予報官がその部分を指さしているからである。

やりなおし英語 ワンポイントレッスン

英英辞典を使う

　英語学習に再挑戦する際には、**英英辞典をぜひ使ってほしい**ものです。わからない単語を調べても、その定義にまたわからない単語が出てきて手に負えないのではと思う方もいらっしゃるかもしれません。そんな方はまずやさしい単語だけを引いてみることをお勧めします。そして、自分が覚えていた意味（日本語訳）とその語が持つ概念との微妙な違いが理解できると、英語を勉強するのがおもしろくなるはずです。

　例えば、「beautifulの意味は」と尋ねられたら、多くの方が「美しい。そのくらいは知ってますよ」とお答えになるでしょう。では、今回の本文にあったbeautiful weatherとは「美しい天気」なのでしょうか。「すばらしい天気」と言うのがふつうでしょう。このように、英語ではbeautifulとweatherの2つの単語の相性が良いわけですが、日本語では「美しい」と「天気」の2語の相性はそれほど良くありません。また、別の見方をすれば、日本語の「美しい」よりも英語のbeautifulのほうが意味の範囲が広いといえるでしょう。

　はじめて英英辞典を使う方は、以下の5点の中から選ばれてはいかがでしょうか。

- *Cambridge International Dictionary of English* (1995)

- *Collins COBUILD English Language Dictionary* (1995)

- *Collins Plain English Dictionary* (1996)

- *Longman English Dictionary of Contemporary English* (1995)

- *Oxford Wordpower Dictionary* (1998)

WEEK 1　WEATHER

DAY 3　お電話ありがとうございます

知らない語があっても ポイントをつかみとろう！

LISTENINGの基礎演習

大意の把握

天気予報の電話サービスにかけるときも、自分の知りたい情報に焦点を当てて聞きましょう。すべてをわかろうとすると、かえって肝心な情報を聞き落としてしまいます。
それでは、CDで★★★（トラック10）を4回聞いて、それぞれ1回ごとに以下の質問に答えてください。

1 今現在、雨または雪は降っているか。

2 風の向きはどうか。

3 気圧はどのくらいか。

4 次の最新情報は何時か。

【答】1. 薄曇り（雨も雪も降っていない）　2. 西から　3. 30.08 インチ　4. 5時

Thank you for calling the Pilot's Weather Service. The present time is 0420 hours. The temperature on the ground is 55 degrees. Clouds are light and begin at 18,000 feet. Winds are from the west at 15 knots. The pressure has been 30.08 inches **as of** 0400 hours. There has been no rain or snow in the area as of 0415 hours. **This report will be updated** at 0500 hours. Thank you for calling.

Vocabulary

- **on the ground**
  地上の
- **degree**
  温度
- **knot**
  ノット⇒1時間に1海里（1,852 m）の速度
- **pressure**
  気圧

WEEK 1 WEATHER ······ DAY 3

パイロット天気サービスに**お電話いただきありがとうございます**。現在の時刻は4時20分です。地上の温度は55度。雲は18,000フィート上空にうっすらとかかっております。西の風15ノット。4時**現在**、気圧は30.08インチです。4時15分現在、この地域では雪または雨は降っておりません。**次のお知らせは**5時です。お電話ありがとうございました。

★0420 hours
「4時20分」。o[ou] four twenty hoursと発音します。0400 hoursはo four hundred hoursです。気象情報などで時刻を間違いなく伝えるときに使う、24時間制の特別な言い方。

★55 degrees
「55度」。アメリカではまだ華氏温度計（Fahrenheit）を使用しています。摂氏（Centigrade）への換算式は次の通り。
C＝(F－32)×5/9

★as of...
「…現在」。as of today「今日現在」やas of May 5「5月5日現在」のように使います。

CDを聴いて、設問に答えましょう。

1-10
1-11
1-12
1-13

Question 1

A. 15
B. 15.5
C. 55
D. 55.5

Question 2

A. 15 knots
B. 50 knots
C. 15 miles
D. 50 miles

Question 3

A. From a pilot
B. From a TV
C. From a recording
D. From a radio

WEEK 1 WEATHER ·············· DAY 3

ヒントと解答

Question ① C

What is the present temperature on the ground?
「現在の地上の気温は何度ですか」

 55 degrees とは55度。もちろん華氏。摂氏であれば55度なんてはずがないので、混乱してしまった方もいるのでは。アメリカではまだ華氏が主流。異文化の知識もリスニングには必要だ。

Question ② A

How fast are the winds per hour?
「風速はどのくらいですか」

 風速は15ノット。knot もふだん聞き慣れない単位なので、イメージがつかみにくい。その上、発音も日本語のノットとはかなり違うので注意しよう。

Question ③   C

Where are you getting this weather information from?
「これはどこから得ている情報ですか」

 A. パイロットから
 B. テレビから
 C. 録音されたものから
 D. ラジオから

 出だしと終わりで "Thank you for calling…." と言っているのがポイント。電話をして録音テープを聞いている。Pilot という会社名に惑わされないようにしたい。

やりなおし英語
ワンポイントレッスン

単語を覚える

　英単語は日本語に置き換えて覚えるのではなく、なるべく文脈の中でとらえ、基本的な概念を頭にインプットするように心がけましょう。そのためにも前回ご紹介したような英英辞典が必要です。

　さて、その単語ですが、「なかなか覚えられない」「覚えたつもりがすぐに忘れてしまう」という問題を感じている人が多いようです。「学生時代はあんなに覚えていたのに…」とお嘆きの方もいらっしゃるでしょう。しかし、単語を覚えられない、すぐに忘れてしまうというのは、あなたが正常な人間であるという証拠です。

　「また忘れた」と考えると、英語を学習すればするほど心が暗くなってしまいます。数回出会ったくらいですぐに覚えられるわけがないと考えましょう。出会うたびに意味を考えてあげる。「またお会いしましたね」というくらいの気持ちを持って。そのうちに、向こうのほうからこちらに歩み寄ってきますよ。

　そして、なるべく「この単語をどうやって使おうか」「この単語を使ってみよう」というように、話したり、書いたりするときをイメージして自分なりの文を作り、自分の言葉にしてしまうといいでしょう。「使うから覚える」という発想を持つと、よく覚えられるものです。

WEEK 1

A 英文を聴いて、設問に答えましょう。

1

A.

B.

C.

D.

2
- A. Yesterday
- B. At midnight
- C. Two hours ago
- D. Now

3
- A. It's moving very fast.
- B. Its winds are strong.
- C. It changed direction and increased speed.
- D. It's a hurricane.

4
- A. 15 miles an hour
- B. 45 miles an hour
- C. 50 miles an hour
- D. 54 miles an hour

5
- A. From a newspaper
- B. From a telephone
- C. From a radio
- D. From a recording

WEEK 1

B CDを聞いて、設問に答えてください。

6
- A. Because of the slow traffic
- B. Because of the terrible traffic
- C. Because of the bad weather
- D. Because of the slow weather

7
- A. Today
- B. On TV
- C. On the radio
- D. Yesterday

8
- A. It's in the South.
- B. It's in the largest state.
- C. It's the largest state in the South.
- D. It's in one of the southern states.

9
- A. It feels warm.
- B. It feels very hot.
- C. It feels hot.
- D. It feels cold.

10
- A. The cars are moving very slowly.
- B. The cars are moving at 50 miles an hour.
- C. The cars are moving at five miles an hour.
- D. The cars are moving very fast.

WEEK 2 DAY 4 TRAVEL
あれ、僕の乗る便だよ

> 頭の中に絵を描いたり
> メモを取る感じで聞こう！

LISTENINGの基礎演習

メモを取る・絵を描く ①

すべての単語を聞き取ろうとすると、ノーマルスピードの英語にはついていけません。ニュースなどの場合は、特に3つのW（who, what, where）に注目して聞き取りましょう。

では、練習です。以下のそれぞれのポイントに注目し、CDで★★★（トラック17）を2回聞きましょう。1回につき1つのポイントに絞って聞いてください。設問の英文はトラック16に入っています。

1 では、まずこの人の手荷物が何かを聞き取り、頭の中で描いてみましょう。その後、下のA～Cの中から適切な絵を選びましょう。

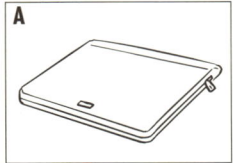  

2 次は、搭乗券がどこにしまってあるのかを聞き取り、頭の中で描いてみましょう。その後、下のA～Cの中から適切な絵を選びましょう。

 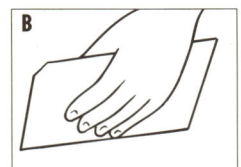 

Question: What is this man carrying with him?
Question: Where is this man's boarding pass?

【答】1. C ブリーフケースとノートパソコンとショルダーバッグ
2. A ジャケットの内ポケット

Man: Oh, that's my flight!
Woman: Do you have everything?
Man: I think so…. I've got my briefcase and my laptop….
Woman: **What about** your boarding pass**?**
Man: It's right here, in my jacket pocket.
Woman: **Have a safe trip.**
Man: I will, and I'll call you as soon as I check in.
Woman: I'll be waiting for your call. **You'd better hurry**, they're boarding!

Vocabulary

- **flight**
  （飛行機の）便
- **laptop**
  ラップトップコンピュータ
- **boarding pass**
  搭乗券
- **board**
  搭乗する、乗り込む

WEEK 2
TRAVEL
DAY 4

男性： あれ、僕の乗る便だよ。
女性： 忘れ物ない？
男性： 大丈夫。ブリーフケースもラップトップも持ったし。

女性： 搭乗券は？
男性： ここにちゃんとあるよ、ジャケットのポケットに。
女性： 気をつけてね。
男性： ああ、チェックインしたらすぐ電話するから。
女性： 待っているわ。急いで、ほら、みんな乗り込んでいるわよ。

学校では習わない生の英語

★ **right here**
「ここに」。ちょうどここに（で）、といった意味の口語表現。rightは意味を強めていると考えればよいでしょう。

★ **I'll be 〜ing**
「〜している、〜する」。will＋進行形は、「慣行・通例に従って」近い未来に生じることを述べるときに使います。

★ **You'd better…**
「…しなくてはだめだ」。should や ought to より強い意味です。日本語の「…したほうがよい」にはこの表現を使わないほうが安全です。

CDを聴いて、設問に答えましょう。

Question 1

A.

B.

C.

D.

Question 2

A. In his coat pocket

B. In his jacket pocket

C. In his trousers pocket

D. In his pants pocket

Question 3

A. When he's on the plane

B. When he has time

C. When he gets to his hotel

D. When the rates are cheaper

WEEK 2 TRAVEL — DAY 4

ヒントと解答

Question 1 A

What is the man going to do right after this conversation?

「この会話の直後、男性は何をしますか」

> 搭乗直前に見送りをしているシーンの会話だから、男性が搭乗口に向かっているAのイラストが正解。

Question 2 B

Where is the man's boarding pass?

「男性の搭乗券はどこにありますか」

- A. コートのポケット
- B. ジャケットのポケット
- C. ズボンのポケット
- D. パンツのポケット

> "It's right here, in my jacket pocket." と言っているので、Bが正解。

Question 3 C

When will the man call?

「男性はいつ電話をしますか」

- A. 飛行機に乗っているとき
- B. 時間のあるとき
- C. ホテルに着いたとき
- D. 料金が安いとき

> "…as soon as I check in." 「チェックインしたらすぐに」と言っているのがポイント。

やりなおし英語
ワンポイントレッスン

have (has) got

「…を得た、手に入れた」ではなく、「持っている」という意味で使われています。haveと同じ意味で使う口語表現です。例えば、Do you have a pen? の代わりに Have you got a pen? と言えます。では、次の文の下線部に適切な単語を入れて、文を完成させてみましょう。

1. 何か質問はありますか。
   <u>Have</u> you got any questions?

2. お会いして、そのことをお話しするだけの時間は十分ありますよ。
   I've <u>got</u> enough time to meet you to discuss that.

3. この問題を解く時間はあと2分です。
   You've <u>got</u> another two minutes to solve this problem.

as soon as…

「…するとすぐに」という意味です。日本語とは逆に、「…する」が as soon as の後にきます。(as soon as possible「できるだけすぐに」はよく使われる決まり文句) では、次の日本語に対し、よりニュアンスの近い英文を選んでみましょう。

4. 私は毎朝、目覚めるとすぐにAFNを聞きます。
   A. I wake up every morning as soon as I listen to AFN.
   B. As soon as I wake up every morning, I listen to AFN.

5. 乱気流を通過しましたらすぐに、朝食をお出しします。
   A. As soon as we've gone through this turbulence, we'll serve breakfast.
   B. We've gone through this turbulence as soon as we'll serve breakfast.

6. できるだけすぐ電話をください。
   A. As soon as you give me a call, please.
   B. Please give me a call as soon as possible.

【答】 4.B 5.A 6.B

WEEK 2 TRAVEL

DAY 5 エアウェーブズをご利用いただきありがとうございます

LISTENINGの基礎演習
頭の中に絵を描いたりメモを取る感じで聞こう！

メモを取る・絵を描く ②

空港ロビーで流れる離着陸についての場内放送のような放送英語は、ある程度パターン化されています。聞きながらメモを取ったり絵にしたりする練習をしておくと、早くそのパターンをつかむことができます。

では、練習です。以下のそれぞれのポイントに注目し、CDで★★★（トラック22）を3回聞きましょう。1回につき1つのポイントに絞って聞いてください。設問の英文はトラック21に入っています。

1 どの便に関する情報なのでしょうか。

A	B	C
AW9123 →Chicago	AW923 →Chicago	Chicago →AW923

2 スケジュールにどのような変更があったのでしょうか。

A	B	C
DEPT. ~~11:15~~ 11:45	DEPT. ~~11:55~~ 11:45	DEPT. ~~11:15~~ 11:55

3 カウンター7Bと7Dは、それぞれどのような人が何をしに行くべきところなのでしょうか。

A	B	C
7B→other Qs 7D→w/ trans. tickets	7B→problems 7D→questions	7B→w/ trans. tickets 7D→other Qs

【答】1. B 2. A 3. C
1. Which flight is mentioned in the passage?
2. What is the change in the flight schedule?
3. What are counters 7B and 7D for?

Attention, all passengers with tickets for Airwaves Flight 923 for Chicago. Due to bad weather, the departure time has been changed from 11:15 to 11:45. Will those passengers with **transfer tickets** please go to Airwaves counter 7B? You can check on your connecting flights there. Those with other questions or problems caused by the time change, please report to Airwaves counter 7D. **We apologize for the delay. Thank you for flying Airwaves.**

Vocabulary

- **attention**
  注意、注目
- **passenger**
  旅客
- **departure**
  出発
- **transfer**
  乗り換え
- **connecting flight**
  乗継便
- **apologize**
  お詫びする
- **delay**
  遅れ

WEEK 2
TRAVEL ········· DAY 5

エアウェーブズ923便シカゴ行きのご搭乗券をお持ちのお客様に**お知らせいたします**。現在、悪天候のため、出発時刻が当初の予定の11時15分から11時45分に変更になりました。**乗り継ぎの搭乗券**をお持ちのお客様は、エアウェーブズの7Bカウンターにて、（シカゴからの）乗継便に関する情報をお尋ねください。その他の質問等がございましたら、7Dカウンターまでお越しください。**出発時刻が遅れておりますことをお詫び申し上げます。エアウェーブズをご利用いただき、ありがとうございます。**

学校では習わない生の英語

★ **Attention, …**
「お知らせいたします」。空港などでのアナウンスに使われる表現。Attention, please.と言うこともあります。

★ **Will … please go to 〜?**
「…は〜へ行っていただけますか」と丁寧にお願いするときの言い方。pleaseは文末にくる場合もあります。

★ **Thank you for flying Airwaves.**
「エアウェーブズをご利用いただき、ありがとうございます」。機内や空港で耳にする決まり文句です。flyingの代わりにchoosingを使うこともあります。

CDを聴いて、設問に答えましょう。

Question 1

A. 15 minutes
B. 30 minutes
C. 60 minutes
D. 90 minutes

Question 2

A. Miami
B. New York
C. Chicago
D. Los Angeles

Question 3

A. Counter 7A
B. Counter 7B
C. Counter 7C
D. Counter 7D

WEEK 2 TRAVEL — DAY 5

ヒントと解答

Question 1　B

How long is the flight delay?
「飛行機の遅れはどのくらいですか」

> **Hints**　"…the departure has been changed from 11:15 to 11:45."とあるので、引き算をする。「11 時 45 分－11 時 15 分」で、B の 30 分が正解。

Question 2　C

Where is Flight 923 going?
「923 便はどこ行きですか」

> **Hints**　目的地（destination）を表す for…は、通常、飛行機の便名の後につけられるので、予想することができる。本文には Airwaves Flight 923 の後に for Chicago とあるので、C が正解。

Question 3　D

Where should you go to check on your new arrival time in Chicago?
「変更後のシカゴへの到着時刻を聞くにはどこへ行かなくてはなりませんか」

> **Hints**　シカゴからの乗継便に関する質問以外はカウンター 7D へ行くようにと言っているので、D が正解。

やりなおし英語
ワンポイントレッスン

due to...

ある出来事の理由や事情を説明するときの「…のために」という意味で使われます。owing to...や because of...と同じように使うことができます。toの後には名詞が入ります。

change

「…を変える」と「…が変わる」の意味があります。今回の英文のように原因がはっきりしていて、それによって変更が余儀なくされた場合には、「…を変える」の受け身形be changed「…が変更になる」を使います。一方、原因がはっきりせず、だんだんと変化していった場合には、Language changes over time.「言葉は時とともに変わる」というように、受け身形にせずに、そのまま使います。

apologize

「詫びる」という意味ですが、「だれか」に対して詫びるのかを述べるならapologize to...とし、「何か」ついて詫びるのかを述べるならapologize for...とします。両方をまとめて表現するなら、apologize to...（人）for ～（謝罪理由）です。また、発音は後半の-gizeが「ガイズ」ではなく「ジャイズ」であることも覚えておきましょう。

WEEK 2　TRAVEL
DAY 6　迷子のお知らせをします

LISTENINGの基礎演習
頭の中に絵を描いたりメモを取る感じで聞こう！

メモを取る・絵を描く ③

耳だけを頼りに何が起こっているのかを正確に理解するためには、メモを取ったり簡単な絵を描いておくと、わかりやすくなります。例えば、登場人物を簡単な絵に表し、それに関する説明があれば、それをその絵に書き込んでいきます。では、練習です。メモ用紙を用意してください。以下のそれぞれのポイントに注目し、CDで★★★（トラック26）を4回聞き、徐々にメモを完成させていきましょう。1回につき1つのポイントに絞って聞いてください。

1　では、まずだれが何をしているのかを聞き取って、絵を描いてみましょう。
2　次に、今描いた絵の中に、身体的な特徴や服装、名前や年齢など、この迷子に関する情報を簡単に書き込んでみましょう。
3　さて、今度はだれがどこへ行って何をすればよいのかを聞き取って、描いてみましょう。
4　最後に、だれがどのような心境でいるのかを聞き取って、それを表す言葉を絵の適当な部分に書き込んでみましょう。

CD 1-26

【答】
1. 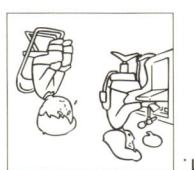
2. 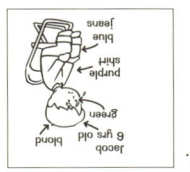 Jacob, blond, 6 yrs old, green, purple shirt, blue jeans
3. Terminal A Information Counter, Jacob, blond, 6 yrs old, green, purple shirt, blue jeans
4. Terminal A Information Counter, misses his parents

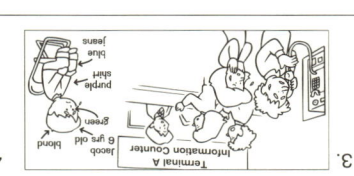

May we have your attention please? We have a lost boy who is looking for his parents. His name is Jacob and he's six years old. Jacob has blond hair and green eyes. He is wearing a purple shirt and blue jeans. Would Jacob's parents please **report to the information counter** in Terminal A or **use an emergency phone and dial 609**? Jacob is fine, but **he misses his parents**. Thank you.

● ●

Vocabulary

- **lost**
  迷子の
- **look for…**
  …を探す
- **report to…**
  …に届け出る、申し出る
- **terminal**
  ターミナル、発着ロビー
- **emergency**
  緊急
- **dial**
  (…番を) ダイヤルする
- **miss**
  (…が) いなくて寂しい、(…が) 見つからない

WEEK 2 TRAVEL — DAY 6

皆様にお知らせいたします。迷子の少年が両親を探しております。名前はジェイコブ、年齢は6歳、髪の色はブロンド、目は緑色です。服装は紫のシャツにブルージーンズです。ジェイコブ君のご両親がいらっしゃいましたら、Ａターミナルのインフォメーションカウンターまでお越しくださるか、または**緊急電話で609番まで**お問い合わせください。ジェイコブ君は元気にしていますが、ご両親とはぐれて寂しがっています。以上、お知らせでした。

学校では習わない生の英語

★ **May we have your attention please?**
「みなさまにお知らせいたします」。ご注目いただけますか、というのが文字どおりの意味。何かをアナウンスする前に使う決まり文句です。

★ **Thank you.**
「以上です」。アナウンスの最後に言う決まり文句。That's all. と言うと、ぶっきらぼうな感じがします。

CD を聴いて、設問に答えましょう。

1-26
1-27
1-28
1-29

Question ❶

A. Brown
B. Light brown
C. Blond
D. Black

Question ❷

A. A blue shirt and blue jeans
B. A purple shirt and blue shorts
C. A purple shirt and purple jeans
D. A purple shirt and blue jeans

Question ❸

A. He's happy.
B. He's crying.
C. He's lonely.
D. He's angry.

WEEK 2 TRAVEL — DAY 6

ヒントと解答

Question 1　C

What color is Jacob's hair?
「ジェイコブの髪の毛は何色ですか」
- A. 茶色
- B. 明るい茶色
- C. ブロンド
- D. 黒

> **Hints** blond のような色に関する情報は、頭の中でイメージとして残すように聞き取っておくようにするとよい。

Question 2　D

What is Jacob wearing?
「ジェイコブは何を着ていますか」
- A. 青いシャツと青いジーンズ
- B. 紫色のシャツと青い半ズボン
- C. 紫色のシャツと紫色のジーンズ
- D. 紫色のシャツと青いジーンズ

> **Hints** 衣服の色の組み合わせのような情報も、頭の中で映像化しておく。shirt は「シャツ」とは発音されないので注意。

Question 3　C

How is Jacob feeling?
「ジェイコブは今どう感じていますか」
- A. うれしい。
- B. 泣いている。
- C. 寂しがっている。
- D. 怒っている。

> **Hints** "…he misses his parents." の miss には、いるべきものがいなくて寂しい、あるいは恋しい、というニュアンスがあるので、C が正解。

やりなおし英語
ワンポイントレッスン

wear

「着ている」という意味ですが、wear/be wearing は動作ではなく、状態を表します。例えば、June is wearing a pink jacket. と言うと、服を着るという一連の動作、プロセスを意味するのではなく、「ジューンはピンクのジャケットを身につけている」という状態を表す意味になります。「着る」という動作を表す場合には put on を用いましょう。

Would ... please ～?

「…（さん）～していただけますでしょうか」と、丁寧にものを頼むときに使われます。また、主語「…」のところには、you だけでなく、Would someone please ～? のように不特定の人にメッセージを投げかけるための「どなたか」という語や、本文のように特定の人（Jacob's parents）を入れて使うことができます。

jeans

ジーンズは1つのもののように思われるかもしれませんが、英語では左右2本の脚の部分からなったものと考えられていますので、複数扱いです。pants や pajamas なども同様です。1つのものとして表現する場合、shoes などと同じように a pair of を前につけるのがふつうです。

Try It Out!

WEEK 2

A 英文を聴いて、設問に答えましょう。

1-30

1

A. ThoroughPass Card

B. VIZA / MASTER cards

C. Hotel

D. Gugget Rent-A-Car

2
A. Any tickets that are purchased by card members
B. Any tickets that are purchased by people who are not card members
C. Any airplane ticket that is purchased
D. Any airplane ticket that is purchased by a VIP

3
A. Joining ThoroughPass
B. Hotel stays
C. Car rentals
D. Speedy check-ins

4
A. PVI
B. VIP
C. PIV
D. IVP

5
A. Because they can use the speedy check-in program
B. Because they are in a hurry to get in a check-in lounge
C. Because there's much more to do after they check in
D. Because they get free flight mileage

53

WEEK 2 — Try It Out!

B CDに録音されている文について、正しく書き取られたメモを選んでください。

1-31

6

A.	B.	C.
Flight 640 Boston Gate 14	Flight 640 Boston Gate 40	Flight 614 Boston Gate 40

7

A.	B.	C.
BAGGAGE CLAIM 10:04	BAGGAGE CLAIM 4:10	BAGGAGE CLAIM 3:50

8

A.	B.	C.
Wedgwood dish—$90 Blanc teacup—$71	Wedgwood dish—$90 teacup—$71	Wedgwood dish—$90 teacup—$109

9

A.	B.	C.
ARRIVAL ~~10:15~~ 10:50	ARRIVAL ~~10:50~~ 10:15	ARRIVAL ~~10:15~~ 10:45

10

A.	B.	C.
TICKET 1-800-778-9500	TICKET 1-800-378-9050	TICKET 1-800-387-9050

WEEK 3 SPORTS

DAY 7 おめでとうございました、ベイリーコーチ

LISTENINGの基礎演習
リスニングアップに発音練習は不可欠！

発音練習・母音 ①

1 外国語の発音の上達が早い人は耳が良いと言われます。また、正確な発音練習をしようとすれば、正確なリスニング力が要求されます。いろいろな音を正確に聞いて発音練習することはリスニング力をアップさせるのにも役立つといえるでしょう。今回のレッスンでは母音を取り上げます。英語の母音は日本語の「ア、イ、ウ、エ、オ」の音に類似しているものの、実際には微妙に違っており、長さや強さも違います。

a. [e]は短い音ですが、日本語の「エッ」のように詰まりません。一方、[ei]は「エー」ではなく「エイ」となるように注意しましょう。では後について発音してみましょう。

    [e]   head   hedge
    [ei]   great   Bailey

b. [ou]はあくまで「オウ」であって、「オー」と伸ばさないように注意しましょう。例えばcoachのcoa-は「コー」ではなく「コウ」となります。

    [ou]   coach   trophy

c. [i]は短く、日本語の「イ」と「エ」の中間音のように聞こえます。一方、[i:]はしっかりと長く発音しないと意味の違う語になることがあるので注意しましょう。

    [i]   bit   Phil   pill
    [i:]   beat   feel   peal

2 では次に聞き取りの練習です。下のペアのどちらの単語が発音されたかを聞き取ってください。

    Q1 A. Bailey   B. belly
    Q2 A. feel   B. fill
    Q3 A. Paul   B. pole

CD 1-32

【答】Q1 B　Q2 B　Q3 A

Reporter:	I'm here in the locker room of the national champions, the Hedgehogs. With me is head coach Billy Bailey. Billy, how does it feel to be number one?
Coach Bailey:	Just great. But I knew we'd be the champions.
Reporter:	You knew that this would be a good year?
Coach Bailey:	**You betcha.** The boys promised me that they were gonna **win the trophy**. I wantcha to know I'm proud of 'em.
Reporter:	**Congratulations**, Coach Bailey!

Vocabulary

- **locker room**
  ロッカールーム
- **head coach**
  ヘッドコーチ
- **win the trophy**
  優勝する
- **proud of...**
  …を誇りに思う、…を自慢している

WEEK 3 SPORTS
DAY 7

レポーター：	ナショナルチャンピオンのヘッジホッグズのロッカールームから中継いたします。お隣には、ヘッドコーチのビリー・ベイリーさんにおいでいただきました。コーチ、優勝を決めたご感想をお聞かせください。
ベイリーコーチ：	最高です。でも、きっと優勝すると思ってました。
レポーター：	今年は良い年になるとわかっていたというわけですか。
ベイリーコーチ：	そうです。選手たちも**優勝**するんだって約束してくれていましたし。心から誇りに思っているんですよ。
レポーター：	おめでとうございました、ベイリーコーチ！

● ●

学校では習わない生の英語

★ **You betcha.**
「そのとおり」。You bet.のほうがやや丁寧。You're welcome.「どういたしまして」の意味で使うこともあります。

★ **wantcha**
want you の俗語表現

★ **Congratulations!**
「おめでとう！」。必ず複数形。アメリカの口語では"Congrats!"と略す場合もあります。

CDを聴いて、設問に答えましょう。

1-33
1-34
1-35
1-36

Question 1

A.

B.

C.

D.

Question 2

A. How it feels to be number one

B. How the year felt

C. How it feels to be the head coach

D. How he trained the team

Question 3

A. His players promised him they would be.

B. He made a bet.

C. His team is always number one.

D. He has many trophies.

WEEK 3 SPORTS — DAY 7

ヒントと解答

Question 1 B

Which picture shows just the reporter with the coach?

「コーチといるレポーターを表しているのはどのイラストですか」

> **Hints** レポーターとコーチだけが描かれているイラストを見つける。なお、アメリカのバスケットボールのコーチは、通常、ネクタイにスーツという姿で試合に臨むことを覚えておこう。

Question 2 A

What did the reporter ask the coach?

「レポーターはコーチに何を聞きましたか」

A. 一番になった気分はどうか。
B. どういう感じの年だったか。
C. ヘッドコーチでいるのはどういう気分か。
D. どのようにしてチームを訓練したか。

> **Hints** 本文でレポーターは、"…how does it feel to be number one?"とはっきり尋ねている。

Question 3 A

Why isn't Coach Bailey surprised that his team are the champions?

「チームが優勝してもなぜベイリーコーチは驚いていないのですか」

A. 選手がそうなると約束したから。
B. かけをしたから。
C. チームは常に一番だから。
D. トロフィーをたくさん持っているから。

> **Hints** 本文で "The boys promised me that they were gonna win the trophy." と言っている。それだけ優勝へ向けての選手の意気込みと自信をコーチが当初から感じ取っていたということを、本文のこの発言から読み取ること。

やりなおし英語
ワンポイントレッスン

時制を一致させる

未来のことを話す場合は will や is/are/am going to で表しますが、過去のある時点から見た未来のことを話す場合には、would や was/were going to のような形で表します。

例えば、Tom will be home by seven. と言えば、単純に「トムは7時までには帰宅します」という未来表現になりますが、そのことを Tom が過去のある時点で言った場合には Tom said he would be home by seven.「トムは7時までには帰宅しますと言いました」となります。

では、このことに注意しながら、次の例にならって、以下の英文を過去において表された未来表現に書き換えましょう。

例 I know we will be the champions.
   → I knew we would be the champions.

例 I think he can come to the meeting.
   → I thought he could come to the meeting.

1. I know that this will be a good year.

   I knew that this would be a good year.

2. They've just promised me that they are gonna win the trophy.

   They promised me that they were gonna win the trophy.

3. Dad says that I can use his car in the afternoon.

   Dad said that I could use his car in the afternoon.

WEEK 3 SPORTS

DAY 8 こうしたことすべてが大切なのです

LISTENINGの基礎演習
リスニングアップに発音練習は不可欠！

発音練習・母音 ❷

1 前回に引き続いて、今回も母音を聞き取るための発音練習をします。英語の母音は日本語の母音よりも種類が豊富ですので、微妙な違いに注意しながら聞き取る練習が必要です。今回は、後で聞いていただく本文の中から単語をいくつか取り上げましたので、それぞれに対して間違えやすい単語との発音を比べてみましょう。下の表のAとBの発音の違いに注意しながら聞き、後について発音してみましょう。

CD 1-37

A	B
star「スター」	stir「混ぜる」
Nat「ナット（人名）」	net「ネット」
but「しかし」	bat「バット」
want「ほしい」	won't「will notの短縮形」
all「すべて」	Al「アル（人名）」
eat「食べる」	it「それ」
very「とても」	vary「多岐にわたる」
six「6」	sex「性別」
court「（テニスなどの）コート」	coat「（上着の）コート」

2 下のペアのどちらの単語が発音されたかを聞き取ってください。

Q1　A． star　　　B． stir
Q2　A． but　　　B． bat
Q3　A． very　　　B． vary

CD 1-38

【答】Q1 B　Q2 A　Q3 B

Everyone knows tennis star Nathaniel Preston. This man's training schedule is very **demanding**. Every morning Nat jogs **three to six miles**. He does his weight training five times a week. Every day Nat moves on to the court to do what he does best. Evenings are usually spent viewing films of himself, his future opponents, or both! Nat even **has a doctor to tell him what to eat**! But all this is necessary if you want to be a champion.

Vocabulary

- **training schedule**
  トレーニング計画
- **jog**
  ジョギングをする
- **weight training**
  ウエートトレーニング
- **view**
  見る、観察する
- **film**
  ビデオ、フィルム
- **opponent**
  対戦相手、敵

WEEK 3 SPORTS — DAY 8

テニス界のスター、ナタニエル・プレストンを知らない人はいないでしょう。この選手のトレーニングはとても**ハードな**ものです。毎朝、**3マイルから6マイル**のジョギングをし、週5日のウエートトレーニングをこなします。毎日、テニスコートに出て最も得意とすること（テニス）をします。夕方は、通常、自分自身または将来の対戦相手、あるいはその両方のビデオを見て過ごします。さらに、**食事の献立に関しては、医師の指導を仰いでいます**。つまり、チャンピオンになるためには、こういったことすべてが、大切だということなのでしょう。

学校では習わない生の英語

★ **demanding**
　文字どおりには、「要求している」という意味だが、転じて「きつい、厳しい」という意味。

★ **three to six miles**
　「3〜6マイル」の意味。

★ **evenings**
　「毎日の夕刻時」。evening hours のこと。複数形にすることで規則性や頻繁さを表します。

★ **all this**
　「これまでに述べたすべてのこと」というニュアンス。

CDを聴いて、設問に答えましょう。

1-39
1-40
1-41
1-42

Question 1

A.

Schedule

weight training

B.

Schedule

jogging

C.

Schedule

viewing television

D.

Schedule

special meals

Question 2

A. Three times a week

B. Four times a week

C. Five times a week

D. Six times a week

Question 3

A. Takes his temperature

B. Tells him what to eat

C. Gives him a checkup

D. Helps him exercise

WEEK 3 SPORTS DAY 8

ヒントと解答

Question 1　C

Which is not on Nat's training schedule?

「ナットのトレーニング計画にないのはどれですか」

> スケジュールに含まれないものを探す。本文のviewing filmsとは自分や対戦相手のビデオを見ることであって、単にテレビを見ることではないので、Cのviewing televisionとは違う行為である。

Question 2　C

How often does Nat do weight training?

「ナットはどのくらい頻繁にウエートトレーニングをしていますか」

- A. 週3回
- B. 週4回
- C. 週5回
- D. 週6回

> 本文で "He does his weight training five times a week." と言っている。

Question 3　B

What does Nat's doctor do?

「ナットの医師は何をしますか」

- A. 体温を計る
- B. 何を食べるべきかを指示する
- C. 検査する
- D. 練習の手伝いをする

> 本文で "Nat even has a doctor to tell him what to eat!" と言っている。

やりなおし英語 ワンポイントレッスン

提案を求める

「…したらいいですよ」「…すべきですよ」のように提案してもらいたい場合、「…」の部分を表す言葉（what, when, who, where, how）に"to+動詞"をつけ加えた形を使って提案を求めることができます。

例えば、「凧をどのように（how）作ったらよいか」はTell me how to make a kite.と言うことができます。これは、Tell me how I can make a kite.とほとんど同じ意味です。では、下の例にならって、提案を求める文を作ってみましょう。

例 He asked me, "What should I eat?"
→ Tell him what to eat.

例 They asked me, "How much should we pay?"
→ Tell them how much to pay.

1. She asked me, "Where should I visit?"

   Tell her where to visit. （どこを訪れたらよいのか教えて）

2. They asked me, "Which movie should we watch?"

   Tell them which movie to watch. （どの映画を見たらよいのか教えて）

3. He asked me, "How can I get to the station?"

   Tell him how to get to the station. （どうやって駅に行けばよいのか教えて）

4. They asked me, "Who should we talk to?"

   Tell them who to talk to. （だれに話したらよいのか教えて）

5. Preston asked me, "How many hours should I sleep?"

   Tell him how many hours to sleep. （何時間寝たらよいのか教えて）

WEEK 3 SPORTS

DAY 9 ここでロバートソンに1本ほしいところですねえ

LISTENINGの基礎演習
発音練習・子音 ①

1 英語には日本語にない子音がいくつもあるので、よく聞いて発音する練習を積んで、微妙な違いなどを聞き取れるようにしましょう。

A	B
right「正しい」	light「ライト」
bat「バット」	vat「醸造樽」
fit「合う」	feet「足」
needs「必要である」	knees「ひざ」
those「それら」	dose「（薬の）服用量」
wrist「手首」	list「リスト」
best「最良の」	vest「（洋服の）ベスト」
failure「失敗」	whaler「捕鯨者」
cards「カード、トランプ」	cars「車」
throw「投げる」	slow「遅い」

1-43

2 下のペアのどちらの単語が発音されたかを聞き取ってください。

Q1　A. knees　　B. needs
Q2　A. light　　B. right
Q3　A. fit　　　B. feet

1-44

【答】Q1 A　Q2 A　Q3 A

Announcer: This is Robertson's chance to make up for his **slow** performance in this series.

Commentator: That's right. In the first two games, his batting average was only **105**. And so far tonight, he's 0 for 2. Those numbers are not good.

Announcer: But let's not forget Robertson's **performance** during the regular season. He batted 300. And, **there's no better third baseman in the game.**

Commentator: That's true. But with two out and two on, he needs a hit now.

Vocabulary

- **make up for...**
  …を取り返す、…に対して補う
- **performance**
  できばえ、仕事
- **batting average**
  打率
- **so far**
  これまでのところ
- **regular season**
  （通常の）シーズン
- **bat**
  （バットで）打つ
- **third baseman**
  三塁手

WEEK 3 SPORTS

DAY 9

アナウンサー：	ロバートソンはこのシリーズではちょっと**出遅れ**ていますから、ここで何とか1本ほしいところですね。
コメンテーター：	そうですね。最初の2試合で、**1割5厘**という打率ですから、今夜も2打数0安打ですし、思わしくないですね。
アナウンサー：	まあしかし、ロバートソンはシーズン中、打率が3割といった**活躍ぶり**でしたし、**彼に勝る三塁手はいない**のではないかと。
コメンテーター：	ええ、しかしまあ、ツーアウトで走者2人というこのチャンスに何とか1本ヒットを打たなければだめでしょう。

学校では習わない生の英語

★ **slow**
ある動作が遅いときのみならず、本文のように、なかなか思うような成果が上がっていないというニュアンスを表すときにも slow を用いることができます。

★ **105**
「ワノゥファイヴ」のように発音します。打率などの数値を表すときには、このように、数字を1つずつ発音します。ただし、本文の300のように、きりのいい数字の場合には three hundred とまとめて言うのがふつうです。

★ **let's not forget…**
「…を覚えておこう」という意味で、追加情報を相手に思い起こさせるときなどに用います。

★ **no better…**
「そのほかに優れた…がいない」。ある人や物について、比較になる対象がないという意味で、高く評価するときなどに用います。

CDを聴いて、設問に答えましょう。

1-45
1-46
1-47
1-48

Question ①

A.

O.Robertson
0 for 1

B.

O.Robertson
0 for 2

C.

O.Robertson
1 for 2

D.

O.Robertson
2 for 2

Question ②

A. First base

B. Second base

C. Third base

D. Short stop

Question ③

A. His team is behind.

B. His average is low in this series.

C. His team needs help.

D. His average is 300.

WEEK 3 SPORTS　DAY 9

ヒントと解答

Question 1　B

What is Robertson's batting record for this game?
「この試合でのロバートソンの打撃成績はどうですか」

> He's X for Y. は慣用表現で、Y 打席に対して X 安打という意味。ここでは "…he's 0 for 2." と言っているので、2 打席ノーヒットということになる。

Question 2　C

What position does Robertson play?
「ロバートソンの守備位置はどこですか」

A. 一塁
B. 二塁
C. 三塁
D. ショート

> 本文で、この試合にロバートソン以上の三塁手はいないと言っていることに注目する。

Question 3　B

Why does Robertson need a hit?
「なぜロバートソンにヒットが必要なのですか」

A. リードされているから。
B. このシーズンの打率が低いから。
C. チームが助けを必要としているから。
D. 打率が 3 割だから。

> この会話では、シリーズにおけるロバートソン個人の打率が低いことが中心テーマとなっていることを聞き取る必要がある。なお、この会話だけからはロバートソンのチームが負けているかどうかわからないので、A や C は不適当である。

やりなおし英語
ワンポイントレッスン

during

「…の期間中のある部分で」といったニュアンスを表します。例えば、「この休み期間中に旅行しますか」という文は、during を使って、Are you going to travel during this holiday season? と言います。「…の期間中の最初から最後までずっと」というニュアンスを伝えたいなら throughout を使います。

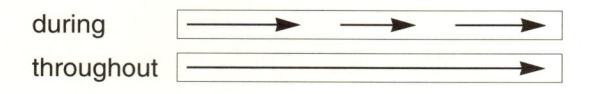

during　→　→　→
throughout　───────

for

「…時間」「…か月間」「…年間」などの期間を表します。例えば、「10年間英語を勉強しました」と数字を用いて表現する場合、I studied English for 10 years. と for を使います。次に「その10年間、一度だけ海外に行ったことがあります」と続けたければ、「…の期間中のある部分で」というニュアンスになりますから、今度は during を使って I went overseas once during the 10 years. と言います。

in

「…の期間が終わってしまう前までに」、つまり「その期間内に」といったニュアンスを表します。例えば、「遅くともあと10分くらいでこちらからかけ直せると思います」と言いたければ、in を使って I think I will call you back in 10 minutes. と言います。during や for が期間の「継続性」というニュアンスを持っているのに対し、in は期間の「内部」というニュアンスを持っています。…年や…月を表すときも in を用いますが（例: in 2002, in November）、この場合も示された期間の継続性というよりも「期間内」というメッセージを伝えていることになります。

A 英文を聴いて、設問に答えましょう。

1

A.　B.　C.　D.

2　A. A strike　　　　　B. A spare
　　　C. An open frame　 D. Nothing

3　A. Ten points and the next bowl
　　　B. Ten points and the next two bowls
　　　C. Nine points only
　　　D. The pins knocked down only

4　A. 12 spares in a row
　　　B. 12 strikes in a row
　　　C. 300 strikes in total
　　　D. 300 scores in total

5　A. That it's a perfect 300
　　　B. That the scoring in bowling is impossible
　　　C. Remembering how many bowls in a row should be added up
　　　D. Remembering to automatically add 10 points

WEEK 3 Try It Out!

B CD を聴いて、録音されている 2 つの語が同じであれば Same を、異なっていれば Different を選んでください。

1-50

6	Same	Different
7	Same	Different
8	Same	Different
9	Same	Different
10	Same	Different
11	Same	Different
12	Same	Different
13	Same	Different
14	Same	Different
15	Same	Different

WEEK 4 FAMILY

DAY 10 おわかりいただけましたでしょうか

音の変化を発音できればもう速くは聞こえない！

LISTENINGの基礎演習

発音練習・音変化 ①

単語と単語がつながって語句や文になると、音が微妙に変化したように聞こえます。例えば、on a carは「オン・ア・カー」というより「オナカー」のようにつながって聞こえます。話すときにネイティブと同じように音変化をさせる必要はありませんが、そのメカニズムを知るためにはまねて言ってみる必要があります。今回は語句を取り上げて、後について言う練習をします。それでは、音変化に注意して発音してみましょう。

1 modern age
☞ 「モダン・エイジ」というより「モダネイジ」のように発音します。

2 Have I
☞ 「ハヴ・アイ」というより「ハヴァイ」のように発音します。

3 keep us
☞ 「キープ・アス」というより「キーパス」のように発音します。

CD 1-51

では次に、上の語句を文の中に入れて練習をしましょう。後について言ってみましょう。

4 Aren't our families' lives changing quickly in the modern age?

5 Have I made my point?

6 Doesn't our work keep us from our children?

Aren't we parents facing the same problems? Aren't our families' lives changing quickly in the modern age? Doesn't our work **keep us from our children**? Isn't it almost impossible to **sit down to a nice meal together**? And is it good to spend time with our children in front of TV? Or a computer? Should I go on or **have I made my point**? **The important question before this group is this**: What can we do to create more quality time with our families?

Vocabulary

- **face**
  直面する
- **modern age**
  現代
- **keep...from ～**
  …を～から切り離しておく
- **sit down to...**
  …の席につく
- **go on**
  続ける
- **make a point**
  一理あることを述べる、考えを述べる
- **quality time**
  質の高い時間

WEEK 4 FAMILY — DAY 10

私たち親は、同じような問題に直面しているのではないでしょうか。現代に生きる私たちの家庭生活は急激に変化しているのではないでしょうか。仕事のせいで**子どもと接することができなくなったり、家族が一緒に楽しく食卓につくことが**ほとんどできなくなったりしてはいないでしょうか。また、子どもたちと一緒に時を過ごしても、結局テレビやコンピュータにかじりついているという状況でいいのでしょうか。まだまだ例を挙げることができるのですが、**申し上げたいことはもうおわかりいただけましたでしょうか。ここにお集りの皆さんに次のことを問いかけたいのです。**私たちは、家族とのより質の高い時間を作るために何ができるのでしょうか、と。

学校では習わない 生の英語

★**Aren't we…? Aren't our families' lives…? Doesn't our work…? Isn't it…?**
　このように、質問を続けざまに投げかける一方で、聞き手から具体的な返答を期待しない手法を修辞疑問（rhetorical question）と言います。修辞疑問は、話し手がそれに対してどのような答えを持っているかが明らかである場合に効果的な表現方法です。

★**The important question (before this group) is…**
　「重要な問題は…である」という意味です。英語スピーチを行う上ではこのような表現を用いて、いったい何を問題（テーマ）としているのかを明言することが鉄則で、実際によく使われる言い方です。

CDを聴いて、設問に答えましょう。

1-52
1-53
1-54
1-55

Question 1

A. Family life is changing.
B. Family life is the same.
C. Family life doesn't exist.
D. Family life is getting better.

Question 2

A. Work
B. TV
C. Computers
D. School

Question 3

A. She sometimes likes it.
B. She likes it.
C. She's not sure about it.
D. She doesn't like it.

WEEK 4 FAMILY — DAY 10

ヒントと解答

Question 1 A

What is happening in the modern age?
「今の時代には何が起きているのでしょうか」
- A. 家庭生活が変化している。
- B. 家庭生活は同じままである。
- C. 家庭生活が存在しない。
- D. 家庭生活がよくなってきている。

> **Hints** "Aren't our families' lives changing quickly in the modern age?"という修辞疑問を投げかけているが、これは話し手が「我々の家庭生活が変化しているのだ」ということをアピールするためにわざと疑問文にしたものである。

Question 2 A

What keeps parents from their children?
「親を子どもから切り離すものは何ですか」

> **Hints** 修辞疑問 "Doesn't our work keep us from our children?" は「仕事こそわれわれを子どもから切り離しているのだ」という話し手の意図を効果的に伝えている。テレビやコンピュータが親子を離れ離れにさせるとは述べられておらず、むしろテレビやコンピュータは親子が一緒に過ごしているときの問題としてとらえられていることに注意する。

Question 3 D

What does the speaker think of family time spent watching TV?
「家族の時間をテレビを見ながら過ごすことについて話し手はどう思っていますか」
- A. ときどき気に入っている。
- B. 気に入っている。
- C. よくわからない。
- D. 良くは思っていない。

> **Hints** "Is it good to spend time with our children in front of TV?"（これも修辞疑問）と問いかけていることから、テレビについては良く思っていないことがわかる。

やりなおし英語 ワンポイントレッスン

形式主語の it (1)

英文では基本的に主部が文頭にきますが、形式的に it を主語にすることによって「…は」の部分を後に置くことができます。これは主部が長いときなどに大変便利な文型です。例えば、「[主部]家族が一緒に楽しく食卓につくことが、[述部]ほとんど不可能である」のように主部が長い場合、

　　To sit down to a nice meal together is almost impossible.

の代わりに、

　　It is almost impossible to sit down to a nice meal together.

と言うことができます。ここでの It は to sit down to a nice meal together のことです。それでは、上の例文に従って、主語に it を用いて英文を作ってみましょう。

1. そのことを大勢の人の前で話すのは大切だ。

   To speak about it in front of many people is important.

   It is important to speak about it in front of many people.

2. それを秘密にしておくというのは、たぶんいい考えだ。

   To keep it a secret may be a good idea.

   It may be a good idea to keep it a secret.

3. 論理的に討論するのは、それほどむずかしいことではない。

   To debate logically isn't very hard.

   It isn't very hard to debate logically.

WEEK 4 FAMILY

DAY 11 フランクはどうしつけているの?

音の変化を発音できれば
もう速くは聞こえない！

LISTENINGの基礎演習

発音練習・音変化 ②

1 ノーマルスピードのアメリカ英語では[t]の音がその置かれた環境によって微妙に変化して聞こえます。まず、以下の[t]の音変化の解説を読み、後について発音してみましょう。

a. [t]の後に[l]が続く場合、舌先を上あごの前部につけたまま、すぐに息を舌の両端から出して[l]の音を出します。kettle「やかん」は「ケトゥル」というよりも「ケル」のように聞こえます。

(1) little　　　　(2) title

b. [母音+t]の後に[h]が続く場合、[t]と[h]の音が弱まって、ラ行に似た音に聞こえます。get her penは「ゲット・ハー・ペン」というより「ゲラーペン」のように聞こえます。

(3) sit him down　　(4) set her sights

c. [t]音で終わる単語と[t]音で始まる単語がつながると、前の[t]音を出すためにつけた舌先をそのままにして、次の[t]音を破裂させます。say it to meは「セイ・イット・トゥ・ミー」というより「セイットゥミー」のようにつながって聞こえます。

(5) his favorite toy　(6) get together

d. [t]音が母音と母音の間にはさまれると、ラ行に似た音に聞こえます。get upは「ゲット・アップ」というより「ゲラップ」のように聞こえます。

(7) shouting　　　(8) set it up

2 では、次の文の音変化に注意しながら後について発音しましょう。

(9) I'm having trouble with little Roy.

(10) I sit him down and explain what he's doing wrong.

(11) I take away his favorite toy.

(12) Roy is shouting at his mother.

1-57

Roy's mother: I'm **having trouble with little Roy**. He's always causing trouble. Plus, he won't listen to me. What do you do with Frank? He's always so **well behaved**.

Frank's mother: When Frank **misbehaves**, I sit him down and explain what he's doing wrong. And, **more important**, I tell him why it's wrong.

Roy's mother: And if he doesn't listen?

Frank's mother: I take away his favorite toy or make him stay home.

Vocabulary

- **have trouble with…**
  …に悩まされる
- **plus**
  それに加えて
- **well behaved**
  行儀の良い
- **misbehave**
  行儀の悪いことをする
- **sit…down**
  …を座らせる
- **more important**
  もっと大切なことは
- **take away**
  取り上げる

WEEK 4 FAMILY — DAY 11

ロイの母親：	息子のロイにはいつも悩まされているのよ。いつも手に負えなくって。それに私の言うことも全然聞かないし。おたくのフランクはどうしつけているの？いつもお行儀がいいみたいだけど。
フランクの母親：	フランクが行儀の悪いことをしたら、まず座らせてから、どういうところが悪いのかを説明するの。それにもっと大切なのは、それがどうして悪いことなのかを説明しているのよ。
ロイの母親：	それで、言うことを聞かなかったらどうするの？
フランクの母親：	そのときは、あの子のお気に入りのおもちゃを取り上げたり、家から一歩も外に出さないわ。

学校では習わない生の英語

★ I'm having…
ある物事を所有していると言う場合は I have…ですが、ある状態が現在進行中であることを述べる際には I'm having…となります。本文のように I'm having trouble with…と言えば、現在 with 以下の問題を抱えている最中である（未解決である）という意味を、また I'm having a good time.と言えば、現在楽しいひとときを過ごしている最中だという意味を伝えることができます。

★ little Roy
little の後に子どもの名前を入れると「息子または娘のだれだれ」という意味になります。

★ do with…
「…と何とかやっていく」といった意味で、対象は人でも物でもかまいません。

★ doing wrong
「悪さをする」という意味。逆は、doing good と言います。

CDを聴いて、設問に答えましょう。

Question 1

A.

B.

C.

D.

Question 2

A. He must go to bed.

B. He must play with his toys.

C. He must put his toys away.

D. He must stay home.

Question 3

A. Because she explains well.

B. Because they are friends.

C. Because Frank is well behaved.

D. Because she knows what Roy is doing.

WEEK 4 FAMILY — DAY 11

ヒントと解答

Question ❶ C

Which picture is of Frank misbehaving?
「行儀の悪いことをしているフランクを表したイラストはどれですか」

> misbehaving と聞いているので好ましくない行為をしている絵を選ぶ。B は靴を履いたままソファーで寝ているようにも見えるが、英語圏の習慣としては悪いことではない。

Question ❷ D

What must Frank do if he continues to misbehave?
「フランクが行儀の悪いことをし続けたら彼はどうしなくてはなりませんか」
A. ベッドに入らなくてはならない。
B. おもちゃで遊ばなくてはならない。
C. おもちゃをかたづけなくてはならない。
D. 家にいなくてはならない。

> I...make him stay home と言っているので D を選ぶ。C も選びたくなるが、フランクがおもちゃを put away するのではなく、母親が take away すると言っているので間違い。

Question ❸ C

Why is Roy's mother asking Frank's mother for advice?
「なぜロイの母親はフランクの母親にアドバイスを求めているのですか」
A. よく説明してくれるから。
B. 友だちだから。
C. フランクは行儀がいいから。
D. ロイが何をしているか知っているから。

> 本文でロイの母親がフランクのことを "He's always so well behaved."「彼（フランク）はいつもとっても行儀がいいでしょ」と言っている。

85

やりなおし英語 ワンポイントレッスン

動詞を形容詞にする

本文に He's always so well behaved. という文があります。これは behave という動詞を（過去分詞にして）形容詞として使っている例です。この文は He always behaves so well. とだいたい同じ意味ですが、多少、前者のほうが（行儀がいいという）比較的安定した状態や性格を表します。

似たような例として、I've done it. は「それをやってしまいました」という意味ですが、I'm done with it. と言えば、「すでに終わってしまった」という状態を表していることになります。

少し種類は異なりますが、God bless you. の bless も「聖なる、祝福された、恵まれた」のような状態を表す意味合いで使う場合には、例えば、The villagers lived their lives in blessed calmness.「その村人たちは恵まれた静けさの中で生涯を過ごした」のようになります。ただし、この場合、blessed は[blest]ではなく[blésid]と発音しなくてはなりません。

このほかに、leg を legged として、その前に「数字＋ハイフン」をつけると「…本足の」という意味になります。例えば Dogs are four-legged animals. は「犬は4本足動物である」という意味です。この場合も legged は通常[légid]のように発音します。

上の例にならい、[　]内の動詞を使って次の英文を完成させてください。

1. ここのマネージャーたちは高給取りだ。[pay]

    The managers here are well-paid.

2. このクラスの何人かの子は、いつもボケっとしている。[mind]

    A few of the kids in this class are absent-minded.

3. ほとんどの子どもは自己中心的だ。[center]

    Most children are self-centered.

WEEK 4 FAMILY

DAY 12 結婚すると…

LISTENINGの基礎演習
発音練習・音変化 ③

音の変化を発音できれば もう速くは聞こえない！

ノーマルスピードになると単語と単語がつながって聞こえます。音のつながり方に注意しながら、CDの後について読んでみましょう。

CD 1-61

1 When you get married, you should try to be friends with your in-laws.

2 If your spouse's family doesn't like you, they can cause you problems.

3 And, unfortunately, they can do this in many ways.

4 They might refuse to visit your home, or to welcome you in theirs.

5 In really bad cases, in-laws may tell lies to your partner.

6 If you are lucky, you will have no trouble with in-laws.

7 If you do, try to find a way to become their friend.

When you get married, you should **try to be friends with** your in-laws. If your spouse's family doesn't like you, they can **cause you problems**. And, unfortunately, they can do this **in many ways**. They might refuse to visit your home, or to welcome you in theirs. In really bad cases, in-laws may tell lies to your partner. If you are lucky, you will have no trouble with in-laws. If you do, try to **find a way** to become their friend.

Vocabulary

- **get married**
  結婚する
- **be friends with…**
  …と仲が良い
- **in-law**
  姻戚
- **spouse**
  配偶者
- **unfortunately**
  残念なことに
- **refuse**
  拒む

WEEK 4 FAMILY — DAY 12

結婚すると、相手方の親兄弟**と親**しくなろうとすることがどうしても大切になります。相手の家族に好意を持たれなければ、**いろいろと問題をもたらすこともある**でしょう。そして具合の悪いことに、**いろいろなやり方**があるのです。新居に招いても来てくれなかったり、先方に呼んでもらえなかったり、最悪の場合、あなたの配偶者に嘘をつく親もいるでしょう。運が良ければ相手の家族との問題は起こらないでしょうが、もし問題があるのなら仲良くなる**方法を見つける**努力をしましょう。

学校では習わない生の英語

★ **cause you problems**
「あなたにいろいろと問題をもたらす」。cause は「〜の原因となる」という意味ですが、このように give と同じ用法で使うことができます。したがって、cause problems for you と言い換えることも可能です。

★ **in many ways**
「いろいろな方法で」という意味の表現で、口語英語でよく用いられます。

★ **In really bad cases**
In ... cases で「…の場合には」というイディオムになります。

★ **find a way to…**
「…する方法を見つける」という慣用表現。問題があれば解決することを美徳と考える人の多い英語圏では、このような表現がスピーチや会話の中に頻繁に登場します。

CDを聴いて、設問に答えましょう。

1-62
1-63
1-64
1-65

Question 1

A.

B.

C.

D.

Question 2

A. Because he or she might respect you.

B. Because he or she might like you.

C. Because he or she might not like you.

D. Because he or she might not know you.

Question 3

A. They will laugh at you.

B. They won't visit your home.

C. They won't invite you to their home.

D. They might tell lies about you.

WEEK 4 FAMILY — DAY 12

ヒントと解答

Question 1   A

Which group of people are getting along?
「仲良くしているのはどの人たちですか」

> 仲良くやっている（getting along）シーンを見つける。Bも、一緒に泣けるほど仲が良いと解釈できないこともないが、getting alongからくるイメージとしては、笑顔で対話するなごやかなシーンを連想すべきである。

Question 2   C

Why would an in-law cause you problems?
「なぜ姻戚の人があなたに問題をもたらすかもしれないのですか」
  A. あなたを尊敬しているかもしれないから。
  B. あなたのことを気に入っているかもしれないから。
  C. あなたのことを気に入らないかもしれないから。
  D. あなたのことを知らないかもしれないから。

> 本文の "If your spouse's family doesn't like you..." が前提となっていることを聞き取っておく。深読みし過ぎて、お互いよく知らないからだと解釈してDを選びたくなるかもしれないが、知れば知るほど嫌いになる場合もあるので、Dは不適当。

Question 3   A

According to the passage, what problem will not occur with in-laws?
「この文によると、姻戚との間で起きない問題はどれですか」
  A. あなたのことを笑う。
  B. 家に訪ねてこない。
  C. 家に呼んでくれない。
  D. あなたについての嘘を言いふらす。

> "...what problem will not occur...?" と聞いているので、本文で述べられていない問題を探す。B〜Dは、すべて本文で述べられている問題である。

やりなおし英語

ワンポイントレッスン

動詞＋to...と動詞＋〜ing

"to..." が後にくる動詞

代表的な例がwantです。wantは必ずwant to...となり、want 〜ing とはなりません。この種類の動詞には次のようなものがあります。

　　refuse「拒む」　　hope「望む」　　plan「計画する」　　choose「選ぶ」

例　They might refuse to visit your home.
　　「訪ねるのを嫌がるかもしれません」

"〜ing" が後にくる動詞

この種類の動詞には次のようなものがあります。

　　avoid「避ける」　　enjoy「楽しむ」　　finish「終える」　　deny「否定する」

例　You don't have to avoid making noise when you eat soba noodles.
　　「おそばを食べるときは音をたてないようにしなくてもいいですよ」

"to..." か "〜ing" かによって意味が違ってくる動詞

"to..."がくる場合、「...」は未完結の動作を表し、"〜ing"がくる場合、「〜」は完結した動作を表します。この種類の動詞には次のようなものがあります。

　　remember「覚えている」　　forget「忘れる」

例　I remembered to lock the door.
　　「ドアに鍵をかけるのを思い出しました」
　　つまり、思い出した時点ではまだlockしていなかったことになる。
　　I remembered locking the door.
　　「ドアに鍵をかけたのを思い出しました」
　　つまり、思い出した時点ではすでにlockしていたことになる。

WEEK 4

A 英文を聴いて、設問に答えましょう。

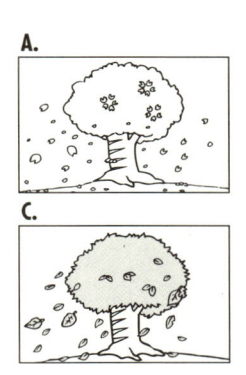

1-66

1　A.　B.　C.　D.

2　A. The blossoms
　B. The family
　C. Professional cooks
　D. One another

3　A. Cooks
　B. Cousins
　C. Sisters
　D. Grandparents

4　A. Because it's very competitive.
　B. Because you haven't seen your family in a long while.
　C. Because it's a friendly way to compete.
　D. Because it's free.

5　A. The food is good.
　B. The games are interesting.
　C. Families can enjoy one another.
　D. Families can compete.

WEEK 4 Try It Out!

B CD を聴いて、録音されている文を選んでください。

1-67

6. A. Has it got to spend time with your children in front of a TV?
   B. Is it good you spent time with your children in front of a TV?
   C. Isn't it good to spend time with your children in front of a TV?
   D. Is it good to spend time with your children in front of a TV?

7. A. Is a kangaroo for leg it?
   B. Is a kangaroo four-legged?
   C. It's a kangaroo four-legged.
   D. Is a kangaroo for legging it?

8. A. Did she set a sight on winning the race?
   B. Did she sell a sight on winning the race?
   C. Did she sell her sights on winning the race?
   D. Did she set her sights on winning the race?

9. A. Did she set her car or her truck?
   B. Did she set a car or a truck?
   C. Did she sell her car or her truck?
   D. Did she sell a car or a truck?

10. A. I usually sit him down to explain.
    B. I usually sit him down an explanation.
    C. I usually sit him down and explain.
    D. I usually sit him down an explain.

WEEK 5 COOKING

DAY 13 豆腐を材料にできる料理の一例です

LISTENINGの基礎演習

声に出して読む練習 ❶

英語は英語独自のリズムにのって話されます。よく聞き取れるようになるためには、自分でもそのリズムで声に出して読んでみる練習が大切です。個々の発音や音のつながり、変化などに注意しながらCDの後について読んでください。

1-68

1 Tofu is also called "bean curd" in English.
　☞ 強く発音する語（Tofu, bean curd）と弱く発音する語（is, in）に注意しましょう。また、in English を「イン・イングリッシュ」と切るのではなく、「イニングリッシュ」とつなげるなど、語と語のつながりにも気をつけましょう。

2 It is an important source of protein in the cuisines of China, Japan, Korea, and Southeast Asian countries.
　☞ It is an important...は切らずに、ひと続きで読むようにしましょう。また、China, Japan, Korea は語尾をやや上げ気味で発音しましょう。語尾を少し上げて発音すると、まだ後に続きますよという意味を伝えることができます。

3 Tofu may be grilled, deep-fried, or stir-fried.
　☞ grilled, deep-fried, stir-fried は語尾を上げ気味で、may be や or は弱く発音しましょう。

4 It can also be simmered, steamed, or eaten raw.
　☞ simmered, steamed は語尾をやや上げ気味で、can, be, or は弱く読みましょう。

1-69

So **that's how to make** one of the world's healthiest foods, tofu. So what can you create with the final product? This is a tofu kabob using squares of tofu, scallions, red peppers and garlic. Doesn't this tofu tuna salad **look good**? This deep-fried tofu **flavored with** soy sauce and **served with** bamboo shoots and bean sprouts is wonderful, too! What's best is that these are only a few of the dishes you can make with tofu.

Vocabulary

- **scallion**
    わけぎ
- **deep-fried**
    油で揚げた
- **flavored with…**
    …で味つけした
- **soy sauce**
    しょうゆ
- **served with…**
    …を添えて出された
- **bamboo shoot**
    竹の子
- **bean sprouts**
    もやし

WEEK 5
COOKING
DAY 13

以上、世界中で最良の健康食品の1つといわれている豆腐の作り方をご紹介しました。それでは、この出来上がった豆腐を使ってどのような料理が可能でしょうか。これは豆腐を四角く切ったもの、わけぎ、とうがらし、そしてガーリックを使って作った豆腐カボブです。こちらの豆腐ツナサラダ、おいしそうでしょう。これは豆腐を油で揚げてしょうゆで味をつけたものに、竹の子ともやしを添えてあり、格別です。豆腐を利用して作れる料理はまだまだ数え切れないほどありまして、ここにご紹介したのはほんの数例にすぎません。

学校では習わない生の英語

★ **That's how to…**
that は、これまで話した内容のこと。このように時間的に過ぎ去ったことや物理的に自分から離れている物には this よりも that を用います。そして That's の後に how…、why…、what…などを続けて、これまでに述べた方法、理由、内容などを表すことができます。

★ **look good**
見るからにおいしそうだというニュアンスを伝えます。なお、おいしそうな匂いがするときには smell good を、実際に食べてみておいしいときには taste good を用います。

★ **What's best is (that)…**
ある事柄がいかにうれしいこと、ありがたいこと、好ましいことなのかを伝えたいときには、このイディオムを使うとその気持ちがうまく伝わります。

CDを聴いて、設問に答えましょう。

Question 1

A.

B.

C.

D.

Question 2

A. Scallions

B. Garlic

C. Red peppers

D. Bamboo shoots

Question 3

A. Barbecue sauce

B. Soy sauce

C. Bean sauce

D. Hot sauce

WEEK 5 COOKING — DAY 13

ヒントと解答

Question 1　A

In which picture is the woman cutting the food?

「食材を切っている女性の絵はどれでしょう」

> **Hints** どの女性が材料を切っているか（cutting the food）と聞いているので、包丁を手に持っている女性の描かれているAの絵を選ぶ。

Question 2　D

What is not on a tofu kabob?

「豆腐カボブにのっていないのは何ですか」

- A. わけぎ
- B. ニンニク
- C. とうがらし
- D. 竹の子

> **Hints** 質問文のnotを聞き逃さないように注意。tofu kabobの材料はtofu, scallions, red peppers and garlicとなっており、この中にbamboo shootsは含まれていない。

Question 3　B

What is the deep-fried tofu flavored with?

「揚げ豆腐は何で味つけされていますか」

- A. バーベキューソース
- B. しょうゆ
- C. 大豆ソース
- D. からいソース

> **Hints** deep-fried tofuは何で味つけられているかを尋ねている。本文にflavored with soy sauceとあるからBを選ぶ。なお、この質問文ではwhatとwithが離れていて、With what...?と聞かれるより意味が取りづらいと思われるかもしれないが、英語ではこのような構文がよく使われるので慣れておこう。

やりなおし英語
ワンポイントレッスン

2つの文をつなげる

本文に、

>This deep-fried tofu flavored with soy sauce and served with bamboo shoots and bean sprouts is wonderful!

という長くてちょっと複雑な文があります。もともとこの文は this deep-fried tofu を主語とした2つの文から成り立っています。

>This deep-fried tofu is wonderful!（基本文）
>This deep-fried tofu is flavored with soy sauce and served with bamboo shoots and bean sprouts.（修飾文）

この2つの文をつなげる過程は図にすると次のようになります。

This deep-fried tofu is flavored with…

　　　↓　　　① 修飾する文の主語を which/that に置き換える

which/that is flavored with soy sauce and served with bamboo shoots and bean sprouts

　　　↓　　　② ①の文を基本文に挿入する

This deep-fried tofu which/that is flavored with soy sauce and served with bamboo shoots and bean sprouts is wonderful.

　　　↓　　　③ which/that is を省略する

This deep-fried tofu flavored with soy sauce and served with bamboo shoots and bean sprouts is wonderful.

では上の例にならって、which/that を使わずに次の2つの文を1つの文にしてみましょう。（a が基本文、b が説明を加える文と考えてください）

a. Look at that building.
b. That building was designed by a famous architect.
　Look at that building designed by a famous architect.

WEEK 5 COOKING

DAY 14 完璧な食事とは…

LISTENINGの基礎演習

英語のリズムがわかれば速い英語も楽勝だ！

声に出して読む練習 ②

今回も英文を声に出して読む練習をします。WEEK 4までに練習した、個々の発音や音のつながり、変化などに注意しながら読んでみるのはもちろんのこと、今回は、ブツブツ切らずに、腹式呼吸で一気に英語らしいリズムで読むことにもチャレンジしてみましょう。ではCDの後について2回ずつ読んでください。

CD 1-73

1 I guess many of you have eaten Japanese dishes before.

☞ many of you は「メニョヴュー」、have eaten は「ハヴィートゥン」のようにつなげて発音しましょう。

2 Sukiyaki and sushi are popular here in the United States.

☞ Sukiyaki, sushi は外来語なので明瞭かつ丁寧に発音しましょう。popular, United States は比較的強く、and, are, here in the は弱く発音しましょう。

3 Here they are special and unusual foods.

☞ they are と and unusual はつなげて読みましょう。また、special, unusual は強めに、are, and は弱く発音しましょう。

4 In Japan they are not exotic at all.

☞ not exotic at all は「ナティグゾティッカトール」という具合に、つなげて一息で読みましょう。not は強めに発音します。

5 But they are not everyday foods, either.

☞ not everyday は「ナレヴリデーィ」のように、つなげて読みます。foods の語尾の ds は「ズ」よりは弱めの「ツ」のように聞こえる音になります。なお、everyday の「ヴリ」の「ヴ」と「リ」は、「ヴィ」に聞こえるくらい同時に言う感じで発音するのがコツです。

A perfect meal should both taste and look good. For taste, use foods with different textures, **some soft, some firm**. These foods should also contain a healthy balance of vitamins and minerals. **For the eye**, start with color. Every plate should have foods with several different colors, not several colors that are similar. Cut or mold the foods into pleasing shapes for variety. Then arrange them nicely on the plate. **Remember that** the perfect meal consists of much more than tasty foods.

Vocabulary

- **taste**
   (…の) 味がする、味
- **texture**
   素材
- **vitamin**
   ビタミン [váitəmin]
- **mineral**
   ミネラル
- **start with…**
   …で始める
- **mold**
   型に入れてつくる、型どる
- **consist of…**
   …で構成されている

WEEK 5
COOKING — DAY 14

食事というのは味と見た目の両方が良くて完璧と言えるでしょう。味を良くするためには、**柔らかいものから固いものまで、いろいろな材料を使用する**とよいでしょう。これらの素材はビタミンとミネラルがバランス良く含まれていて健康にも良いのです。**目を楽しませるためには**、まず色合いです。1つのお皿に盛りつけるとき、似たような色のものではなく、違う色のものをいくつか使うようにしましょう。それから、見て楽しい形に切ったり型どったりして、バラエティーに富ませることも大切です。そして最後に上手に盛りつけます。このように完璧な食事とは、ただ味が良いだけでなく、ほかの要素も大切である**ということを覚えておきましょう**。

学校では習わない生の英語

★ **some soft, some firm**
多種多様なものの中から2〜3の特長を取り上げるときには、some…, some…のように言います。また、本文のように、<different＋複数名詞>のあとに、soft/firmのような対照語句を挿入すると、「〜から〜まで、いろいろな〜」という意味になります。

★ **For the eye**
「見た目を良くするために」というイディオムです。

★ **Remember that...**
命令形ですが、Let's not forget…(Day 9)と同様に「…だということを覚えておこう」という程度の軽い気持ちで提案するときの慣用表現です。

CDを聴いて、設問に答えましょう。

Question 1

A.

B.

C.

D.

Question 2

A. That you have a healthy balance

B. That you have more vitamins

C. That you have more minerals

D. That they taste good

Question 3

A. Because colors add vitamins.

B. Because colors add minerals.

C. Because they make the meal perfect.

D. Because they make the meal more attractive.

WEEK 5 COOKING — DAY 14

ヒントと解答

Question 1　C

Which is the food that has been cut into special shapes?
「特殊な形に切られた食材はどれですか」

> 材料を特殊な形に切っているのはどれか、というのが設問の主旨。したがって、C の絵を選ぶ。なお、B を選びたくなるかもしれないが、質問文は special shapes と複数形で尋ねており、特殊な形が 1 つではなく、それ以上あるということをイメージできれば、選択しないはずである。

Question 2　A

What is important about vitamins and minerals?
「ビタミンとミネラルについて大切なのは何ですか」
　A.　健康的なバランスを保つこと
　B.　より多くのビタミンをとること
　C.　より多くのミネラルをとること
　D.　おいしいこと

> ビタミンとミネラルの関係として大切なことを述べているものを探す。本文では、"…a healthy balance of vitamins and minerals." とビタミンとミネラルのバランスの大切さを述べているので、A を選ぶ。

Question 3　D

Why should there be several different colors of food in a meal?
「なぜ食事にいくつかの違った色の食材があるべきなのでしょうか」
　A.　色合いはビタミンを加えるから。
　B.　色合いはミネラルを加えるから。
　C.　食事を完璧にするから。
　D.　食事をより引き立てるから。

> 色合いがなぜ大切か、というのが設問の主旨。C を選びたくなるかもしれないが、色彩だけが食事を完璧にするわけではない。色について話し始めるときに "For the eye…" と言っているので、D が正解。

やりなおし英語
ワンポイントレッスン

助言や提案の強弱を表す

今回の本文にはshouldが何回も登場しますが、shouldは助言や提案をするときによく使われます。そのほか、助言や提案をするときにはmight, could, had better, must, willなどが用いられます。これらの強弱の度合は、そのときの状況によって多少違うこともありますが、一般的に以下のとおりです。

You might/could see a doctor.
「医者に行ってもよさそうだね」

You should see a doctor.
「医者に行ったほうがいいよ」

You had better see a doctor.
「医者に行かないとまずいよ」

You must see a doctor.
「医者に行かなきゃだめ」

You will see a doctor! （まれ）
「必ず医者に行くこと！」

WEEK 5 COOKING

DAY 15 その秘けつは何ですか

LISTENINGの基礎演習

声に出して読む練習 ③

英語のリズムがわかれば速い英語も楽勝だ！

前回に引き続き、英文を声に出して読む練習です。CDの後について読んでください。

1 The hamburger is a popular American food.

☞ hamburgerは強く発音します。is aは弱く、「イザ」のようにつなげて読みましょう。続くpopular American foodは3拍子のリズムで一気に強めに読みます。

2 Hamburgers are customarily eaten as a sandwich.

☞ Hamburgers areは「ハンバガーザ」、eaten as aは「イートゥナザ」という具合につなげて読みましょう。sandwichは強めに発音します。

3 In the cheeseburger, a slice of cheese is melted over the patty.

☞ cheeseburger, cheese, melted, pattyは比較的強めに、in the, a, of, overなどの語は弱く発音します。melted overは「メルティロゥヴァ」のようにつなげて読みましょう。

4 The patty itself is often seasoned with chopped onions, spices, or bread crumbs before cooking.

☞ pattyとseasonedは強めに発音し、続くchopped onions, spices, bread crumbsも語尾を少し上げながら明瞭に発音します。the, is, with, beforeなどの語は弱めに発音します。

CD 1-79

Reporter: Chef Woodward, you've become the king of the hamburger. **What makes yours so special?**

Chef Woodward: **I begin by adding tasty ingredients to the raw hamburger.** Some vegetables, seasoned bread crumbs and lots of spices are **perfect**. I always broil the meat instead of frying it. I cover the broiled meat with a sweet mustard relish and cheese. And I add fresh tomato and lettuce. Finally, my hamburger **is served on** a whole wheat bun.

Vocabulary

- **tasty**
  おいしい
- **ingredient**
  材料
- **seasoned**
  味つけした
- **bread crumbs**
  パン粉
- **broil**
  あぶり焼きにする
- **relish**
  薬味、調味料
- **whole wheat**
  （ふすまを取り除かないでひいた）全粒小麦粉の、全麦の

WEEK 5
COOKING
DAY 15

レポーター： ウッドウォード料理長は、ハンバーガー王の座についたわけですが、その（ハンバーガー作りの）秘けつは何ですか。

ウッドウォード料理長： まず、生の牛ひき肉においしい材料を入れていくのですが、野菜と味つけしたパン粉、そしてスパイスをたくさん入れれば**完璧**です。肉を焼くときは、フライパンでは焼かずに、必ずあぶり焼きにするようにします。肉が焼けたら、スイートマスタードの薬味とチーズをのせます。それから新鮮なトマトとレタスを加えます。最後に全麦のハンバーガーバンにのせて出来上がりです。

学校では習わない生の英語

★ **What makes ... ～?**
「何が…を～にする」つまり「どうして…は～なのだ」という意味で、理由や原因を尋ねるときに用います。

★ **perfect**
「十分だ、文句なし」という気持ちを誇張気味に伝えるときに用います。

★ **Finally, ...**
１つ１つステップを踏んで説明をし、最後の事柄を述べる直前にFinallyを挿入すると、「最後の事柄を述べようとしているのだな」と、聞き手にわかりやすく伝わります。

★ **served...**
「（客などに）出される」というのが文字どおりの意味ですので、「出来上がり」というニュアンスで使うことができます。なお、どのような状態で客に出すのかを伝えたいときには、本文のようにservedの後に on a whole wheat bun などと説明します。

CD を聞いて、設問に答えましょう。

Question 1

A.

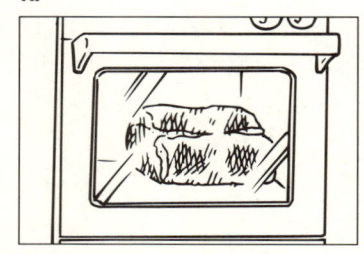

B.

C.

D.

Question 2

A. Vegetables
B. Spices
C. Bread crumbs
D. Relish

Question 3

A. It's better than broiling them.
B. It's the wrong thing to do.
C. It's the right thing to do.
D. It's OK sometimes.

WEEK 5 COOKING — DAY 15

ヒントと解答

Question 1   A

Which meat is being broiled?
「あぶり焼きされている肉はどれですか」

> あぶり焼きにする（broil）ところはオーブン（oven）だからAの絵を選ぶ。Bはfrying「フライパンで焼く」、Cはgrilling「網焼き（グリル）にする」、Dはboiling「煮る」のシーン。

Question 2   D

What doesn't go in the king's hamburgers?
「このハンバーガー王のハンバーガーの中身として入らないのは何ですか」

A. 野菜
B. スパイス
C. パン粉
D. 薬味

> 質問のgo in...とは「…の中身として入る」の意。relish「薬味」は、肉の表面につけるものであって、go inするものではないから、Dを選ぶ。なお、英語のhamburgerは本文のように、通常、肉の部分を指すことが多い。

Question 3   B

What does Chef Woodward think of frying hamburgers?
「ウッドウォード料理長はハンバーガーをフライパンで焼くことについてどう思っていますか」

A. あぶり焼きにするよりよい。
B. 悪いことだ。
C. 正しいことだ。
D. 時によってはよい。

> Dは"I always broil the meat..."と言っており、例外なくフライパンでは焼かないということになるので不適当。フライパンで焼くことは、彼のやり方に反するので、Bのthe wrong thingが最も近い。

やりなおし英語
ワンポイントレッスン

頻度を表す

本文に I always broil the meat instead of frying it. という文がありました。ここで用いられている **always** は「例外なくいつも」という頻度を表す言葉です。では、頻度が低くなるにしたがって、どのような語を用いればよいのでしょうか。以下にまとめたのは頻度を表す代表的な言葉で、頻度の高いものから低いものへと順に並べてみました。

always

usually, generally, regularly

often, frequently

sometimes, occasionally

not always

not usually, not generally

rarely, seldom, hardly ever, scarcely ever, not often

never, not ever

高 ～ 低

Try It Out!

WEEK 5

A 英文を聴いて、設問に答えましょう。

1   A.   B.    C.    D.

2   A. Stuffing
    B. Potatoes
    C. Turkey gravy
    D. Cranberries

3   A. Cranberry
    B. Sweet potato
    C. Ham
    D. Turkey

4   A. Only pumpkin pie
    B. Only pecan pie
    C. Either pumpkin or pecan pie—or both
    D. None of the above

5   A. It's very delicious.
    B. It should be included in the meal.
    C. It's as good as turkey.
    D. It's not as good as turkey.

WEEK 5 — Try It Out!

B CDを聴いて、問題に答えてください。

1-84

6. A. The woman
   B. The man
   C. The woman's uncle
   D. The man's uncle

7. A. Chicken can be as healthy as tofu.
   B. Chicken is always as healthy as tofu.
   C. The taste of chicken depends on how it's cooked.
   D. Chicken is one of the healthiest foods.

8. A. He doesn't want to use the bigger knife.
   B. He is ignoring the woman's suggestion.
   C. He is accepting the woman's suggestion.
   D. He wants to know how to cut the meat.

9. A. Ground beef
   B. Bread crumbs
   C. Meatloaf
   D. Spices

10. A. Fried eggs
    B. Boiled eggs
    C. Poached eggs
    D. Scrambled eggs

WEEK 6 HEALTH
DAY 16 喫煙者を治療するには…

LISTENINGの基礎演習
重要な単語を正確に聞き取ろう！

Partial Dictation ①

正確に聞き取れたかどうかを確認する方法の1つに、ディクテーションがあります。これは聞いた英文を書き出してみることによって、どこが聞き取れなかったのかをチェックするというものです。ではCDに録音されている英文を聞いて、空欄を埋めてみましょう。その後、解答と照らし合わせて自分の書いた英文をチェックし、もう一度CDを聞いてみましょう。

1. While he was in graduate school, he _____ _____ to reading.

2. This medicine should _____ _____ of your cold.

3. The drug will _____ _____.

4. It's unusual that he is _____ a _____ today.

5. What _____ you feel so _____?

CD 2-02

【答】 1. became addicted   2. cure you   3. relieve headaches   4. wearing, tie   5. makes, depressed

It's common knowledge that smoking is harmful. So why do so many people continue to smoke? The answer is that **they are addicted to smoking**. They smoke in order to relieve stress. Or they smoke because it makes them feel better for a short time. **Getting a smoker to stop** is a complex thing to do. Telling someone that smoking is dangerous is **never enough**. To cure a smoker, you must first cure the reason for their smoking. **Only then** can you get them to stop.

Vocabulary

- **common**
  共通の
- **be addicted to...**
  …の中毒になっている
- **relieve**
  解消する、解放する
- **get...to ~**
  …に~させる
- **complex**
  複雑な
- **cure**
  治す

WEEK 6
HEALTH — DAY 16

喫煙が有害だということが常識となっているのに、どうしてこんなにも多くの人々がタバコを吸い続けているのでしょうか。それは**喫煙者が中毒になっている**からです。ストレス解消のために喫煙する人もいるでしょうし、あるいはタバコを吸うと短期間気分が良くなるという人もいます。**喫煙をやめさせていくというのはなかなかむずかしい**ものです。喫煙が有害であるということを教えてあげるだけでは**不十分**です。喫煙者を治療していこうとするなら、まず喫煙をする理由から治療していかなくてはなりません。**そうしてはじめて喫煙をやめさせることができる**のです。

学校では習わない 生の英語

★**The answer is (that)…**
持論を述べるには、いろいろな方法がありますが、本文のように、まず疑問文を投げかけておいてから、すかさずThe answer is…と言うと、どのような問い（問題）に対する答え（持論）なのかが明確になり、効果が期待できます。

★**never enough**
「十分ではない」ということを強く伝えたい場合、このようにneverを用いて強調します。声の調子によっては、insufficientよりも強く聞こえます。

★**Only then…**
「そのようなことをしてはじめて…」という表現ですが、注意しなくてはならないのは、通常、その後に続く文型が、疑問文を作るときと同じように倒置するということです。

CDを聴いて、設問に答えましょう。

Question 1

A.

B.

C.

D.

Question 2

A. Because they are addicted.

B. Because they are cured.

C. Because they don't feel stress.

D. Because smoking makes them feel stress.

Question 3

A. Tell them to stop

B. Tell them it's bad for them

C. Take away their cigarettes

D. Cure the cause of their smoking

WEEK 6 HEALTH — DAY 16

ヒントと解答

Question 1   B

Which person is not under stress?
「ストレスを感じていないのはどの人ですか」

> **Hints** ストレスを感じていない人はどの人か、というのが設問の主旨。したがって、緊張感や焦りとは無縁のシーンを描いたイラストBを選ぶ。

Question 2   A

Why do people smoke?
「人はなぜタバコを吸うのですか」
- A. 中毒になっているから。
- B. 治療されるから。
- C. ストレスを感じないから。
- D. 喫煙がストレスを感じさせるから。

> **Hints** 本文で、The answer is のあとに、"...they are addicted to smoking."「喫煙の原因は喫煙者が中毒になっているからだ」と、はっきりと言っている。CとDは本文の内容とは反対のこと。

Question 3   D

What is the best way to stop someone from smoking?
「喫煙をやめさせる最も良い方法は何ですか」
- A. やめるように言うこと
- B. 体に悪いと言うこと
- C. タバコを取り上げること
- D. 喫煙の原因を治療すること

> **Hints** この話をしている人は、喫煙をやめさせるための解決策として"...you must first cure the reason for their smoking."と主張しているのでDが適当。なお、AやBのように喫煙者に言うだけではダメだと述べていることにも注意する。Cについては述べられていない。

やりなおし英語
ワンポイントレッスン

形式主語のit (2)

本文に It's common knowledge that smoking is harmful. という文があります。この文の意味上の主語は、that smoking is harmful「喫煙は有害であるということ」です。

英語ではitを形式的に主語として使うことによって、意味上の主語（この場合 that smoking is harmful）を、後に持ってくることができます。

<u>That smoking is harmful</u> is common knowledge.

It is common knowledge <u>that smoking is harmful</u>.

このように、下線部を矢印のように後に持っていき、その部分をitで補うことで、本文にある文ができるというわけです。

では、以下のそれぞれの日本語を、itを形式的に主語とする文に書き換えましょう。

1. トムがパスポートをなくしたというのは本当です。
   It's true that Tom has lost his passport.

2. あの先生がクラスに遅れて来たのはめずらしいことでした。
   It was unusual that the teacher came in class late.

3. 彼らが犯人であることは明らかなようだ。
   It seems clear that they are the criminals.

WEEK 6 HEALTH

DAY 17 ストレスがたまり過ぎていますね

重要な単語を正確に聞き取ろう！ LISTENINGの基礎演習
Partial Dictation ②

今回も聞いた英文を書き取ってみることによって、どこが聞き取れなかったのかをチェックしましょう。
ではCDに録音されている以下の英文を聞いて、空欄を埋めてみましょう。その後、解答と照らし合わせて自分の書いた英文をチェックし、もう一度CDを聞いてみましょう。

1 She _____ _____ that the _____ would _____.

2 Do _____ _____ _____?

3 I would _____ _____ to him as a good way to _____ weight.

4 _____ _____ have _____ to form a government.

5 _____ do you _____ for a _____ then?

【答】 1. was afraid, dog, bite 2. you need help 3. recommend jogging, lose 4. Three parties, combined 5. What, do, living

Doctor: Mr. Little, I'm afraid you are suffering from too much stress.

Mr. Little: **I am?**

Doctor: Your recent family problems combined with overwork have completely worn you out. **That's what's causing the headaches, lack of energy and depression.**

Mr. Little: **What do we do to cure it?**

Doctor: Well, you need some major lifestyle changes. And, **I would recommend** counseling.

Vocabulary

- **suffer from…**
  …に苦しむ、…を患う
- **combine with…**
  …と合わせる
- **overwork**
  働き過ぎ
- **wear…out**
  …を疲労させる
- **depression**
  意気消沈
- **recommend**
  推薦する、提案する

WEEK 6 HEALTH ——————— DAY 17

医者： リトルさん、どうやらストレスがたまり過ぎているようですね。

リトルさん： そうですか。

医者： 最近、ご家庭内でいろいろあったり、外では働き過ぎで完全にまいってしまっているのですよ。**だから、頭痛がしたり、倦怠感があったり、やる気がでないわけです。**

リトルさん： どうやって治していったらいいのでしょうか。

医者： そうですね、生活パターンを大幅に変えてみる必要があります。それと**カウンセリングを受けること**をお勧めします。

学校では習わない 生の英語

★ I am?
これは…you are suffering…に対するI am suffering…?（私が…を患っているって？）を省略した口語表現で、「本当ですか、そうなんですか」といった意味になります。なお、文末は上げるように発音します。

★ That's what…
「それが…することなのです」という表現で、thatはその前で述べた内容を指します。したがって、例えば"That's what's important."と言えば、「それが大切なことなのです」という意味に、また、"That's what troubles me."と言えば、「それが私を悩ませていることなのです」という意味になります。

★ What do we do to…?
相手と協力して共通の問題をどのように解決したらよいか、あるいは相手の手助けをもらいながら自分自身の問題を解決するにはどうしたらよいかを尋ねるときに使う表現です。to以下に、何を解決したいのかという目的や目標が入ります。

CDを聴いて、設問に答えましょう。

2-08
2-09
2-10
2-11

Question 1

A.

B.

C.

D.

Question 2

A. Family problems only

B. Overwork only

C. Neither family problems nor overwork

D. Both family problems and overwork

Question 3

A. He thinks the man can change his lifestyle alone.

B. He doesn't think the man can change his lifestyle alone.

C. He thinks the man needs to be protected from his wife.

D. He wants to help the man find another job.

WEEK 6 HEALTH — DAY 17

ヒントと解答

Question 1   C

Where would this conversation be taking place?
「これはどこで行われている会話だと思われますか」

> **Hints** 健康にかかわる医療相談をしているので、その内容から判断して、医者と患者が問診を行っているCのイラストを選ぶ。

Question 2   D

What has caused the patient's problems?
「この患者の問題を引き起こしたのは何ですか」
- A. 家庭の問題のみ
- B. 働き過ぎのみ
- C. 家庭の問題でも働き過ぎでもない
- D. 家庭の問題と働き過ぎ

> **Hints** 本文で"…family problems combined with overwork…"「ご家庭内での問題に加えて、働き過ぎ」が原因だ、と言っているのでDを選ぶ。なお、Aのfamily problemsやBのoverworkは部分的に正しいが、本文では述べられていないonlyという言葉が入っているために、不適当となる。

Question 3   B

Why does the doctor recommend counseling?
「医者はなぜカウンセリングを勧めるのですか」
- A. 患者自身でライフスタイルを変えることができると思っているから。
- B. 患者自身ではライフスタイルを変えることができないと思っているから。
- C. 患者を妻から守る必要があると考えているから。
- D. 患者にほかの仕事を見つけてあげたいと思っているから。

> **Hints** 心の病を治すためにカウンセリングを受けるのはアメリカでは一般的。治療法として"…you need some major lifestyle changes."と述べた後にカウンセリングを勧めていることから推測できる。また、B以外のことは本文で述べられていない。

125

やりなおし英語
ワンポイントレッスン

感想を表す

何かについて「うれしく思う」や「残念に思う」のように、自分の感想をつけ加える場合、感想を表す表現をその文の前に置きます。例えば、You are suffering from too much stress.という文に関して「残念だけれどもそう言わざるを得ない」といったニュアンスを伝えたければ、I'm afraid (that)を文の最初に置いて I'm afraid (that) you are suffering from too much stress.と言うとよいでしょう。(that は省略できます)

では、上の例にならって、次の日本語を英語に書き換えましょう。

1. 君が試験に合格してうれしい。(glad を使って)
   I'm glad (that) you passed the exam.

2. 君がもうすぐこの国を去ってしまうなんて悲しい。(sad を使って)
   I'm sad (that) you will leave this country soon.

3. この職に就いて幸せですか。(happy を使って)
   Are you happy (that) you have gotten this position?

4. 彼女は離婚して悲しいの、それともうれしいの？(sad or happy を使って／離婚する＝get divorced)
   Is she sad or happy (that) she has gotten divorced?

5. (それを) 気に入っていただけてうれしく思います。(glad を使って)
   I'm glad (that) you liked it.

WEEK 6 HEALTH

DAY 18 食べる前によくチェックしましょう

LISTENINGの基礎演習
重要な単語を正確に聞き取ろう！

Partial Dictation ③

今回も引き続き、聞いた英文を書き取ってみることによって、どこが聞き取れなかったのかをチェックしましょう。
ではCDに録音されている次の英文を聞いて、下線部を埋めてみましょう。文を完成し終わったら、解答と照らし合わせて自分の書いた英文をチェックし、その後でもう一度CDを聞いてみましょう。

1. Who warned you that _____?

2. _____ you gave us are unbelievable.

3. _____ for me tomorrow night?

4. This substance _____.

5. The Japanese man speaks English fluently _____ _____.

【答】 1. low-fat foods could be unhealthy 2. A few of the examples 3. Can you think of a substitute 4. is as harmful as that one 5. because he grew up in America

I want to warn you that low-fat or fat-free foods can be unhealthy, too. Here are a few examples. What's replacing the fat? Is it a harmful chemical substitute? What are the sugar and salt contents of the product? Are they too high? Does the product contain harmful substances like MSG? **Please check carefully before** you eat any food that is low-fat.

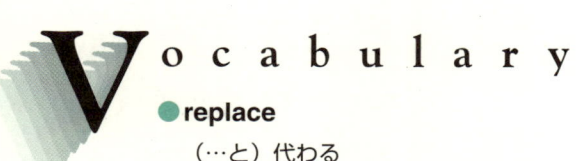

● ●

Vocabulary

- **replace**
  （…と）代わる
- **harmful**
  有害な
- **chemical**
  化学的な
- **substitute**
  代替物
- **contain**
  含有する

WEEK 6
HEALTH
DAY 18

低脂肪や脱脂食品が必ずしも健康食品であるとは限らないということを申し上げたいと思います。いくつか例を挙げてみましょう。まず脂肪の代わりに何を入れているかを考えてみてください。有害なものが入っていないでしょうか。その食品の砂糖や塩の配合量はどうでしょうか。多過ぎてはいませんか。MSGのような有害物質は入ってませんか。低脂肪食品を食べる**前にまず注意深くチェック**しましょう。

学校では習わない生の英語

★ **warn you...**
「あなたに…を警戒するようお伝えする」。この表現は、ルール違反をした相手に対して上の立場から警告を発する場合だけでなく、本文のように、親切心から「警戒しましょう」と情報提供を行う場合にも用いることがよくあります。

★ **low-fat**
「低脂肪の」。low-で「低〜」という意味の複合語にすることがあります。この例の他に、low-cholesterol「低コレステロールの」、low-income「低所得の」、low-pressure「低気圧の」などがあります。

★ **fat-free**
「脱脂の」。-freeで「〜のない」という意味の複合語になります。この他に、duty-free「免税の」、wrinkle-free「形態安定の（しわにならない）」、salt-free「無塩の」などがあります。

★ **MSG**
「グルタミン酸モノナトリウム（化学調味料）」でmonosodium glutamateの略。日本で開発されたもので調味料として用いられてきましたが、頭痛の原因になるなどの問題が指摘され、MSGというと、現在では有害物質という扱いを受ける場合があるようです。

CDを聴いて、設問に答えましょう。

Question 1

A.

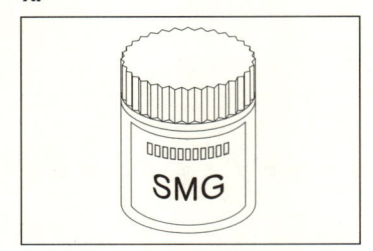

SMG

B.

GMS

C.

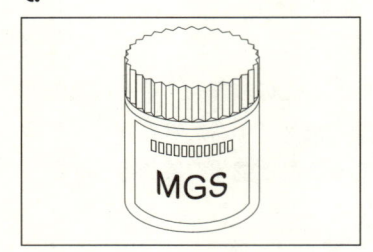

MGS

D.

MSG

Question 2

A. They are always healthy.

B. They might not always be healthy.

C. They are always too high.

D. There are usually chemical substitutes.

Question 3

A. Eat all fat-free foods

B. Never eat fat-free foods

C. Replace fat-free foods

D. Carefully check fat-free foods

WEEK 6 HEALTH — DAY 18

ヒントと解答

Question 1 D

Which is the harmful substance that is mentioned in the passage?
「この文で有害物質と言われているのは何ですか」

> harmful substances like MSG「MSG のような有害物質」と言っているからDを選ぶ。

Question 2 B

What does the speaker say about low-fat foods?
「話し手は低脂肪食品について何と言っていますか」
- A. 常に健康的である。
- B. 必ず健康的であるとは言えない。
- C. 常に高い。
- D. たいていは化学的な食料代用品である。

> not always は部分的に否定する用法で「…とは限らない」という意味。Bは「低脂肪食品は必ずしも健康に良いとは限らない」という意味になり、本文で低脂肪や脱脂食品が can be unhealthy「非健康的である可能性がある」という主張と一致する。

Question 3 D

What does the speaker say to do?
「話し手はどうするべきだと言っていますか」
- A. 無脂肪の食品を食べる
- B. 無脂肪の食品を決して食べない
- C. 無脂肪の食品を他のものと交換する
- D. 無脂肪の食品を注意深く調べる

> この話し手は何をしましょうと言っているのか、というのが質問。D（無脂肪食品に気をつけましょう）以外のことは、本文では言っていない。

やりなおし英語 ワンポイントレッスン

可能性を表す

本文に、…low-fat or fat-free foods can be unhealthy…とあります。ここで用いられているcanは「潜在的に～である可能性がある」の意味です。
では、可能性を適切に表現するには、どのような英語を用いればよいのでしょうか。以下にまとめたのはその代表的な言葉で、可能性の高さを推測する人の確信の高いものから低いものへと順に並べてみました。

That must be the solution.「…に違いない」

That should be the solution.「…であるべきだ」

That can be the solution.「…であるはずだ」

That may be the solution.「…であろう」

That could/might be the solution.「…かもしれない」

That might not be the solution.「…ではないかもしれない」

That may not be the solution.「…ではないだろう」

That shouldn't be the solution.「…であるべきではない」

That must not be the solution.「…であってはならない」

That can't/couldn't be the solution.「…であるはずがない」

高 → 低

Try It Out! WEEK 6

A 英文を聴いて、設問に答えましょう。

2-17

1

A. 6 lbs 8 ozs
B. 8 lbs 8 ozs
C. 6 lbs 6 ozs
D. 8 lbs 6 ozs

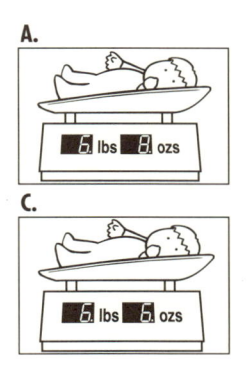

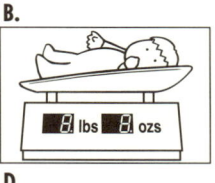

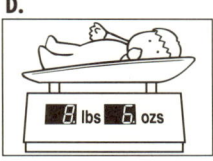

2
- A. She's sleeping.
- B. She's happy.
- C. She's resting.
- D. She's happy and she's resting.

3
- A. Soon
- B. Very soon
- C. Not now
- D. Right now

4
- A. Nurse Henson
- B. The doctor
- C. The baby
- D. Mr. Sterling

5
- A. Nurse Henson
- B. The doctor
- C. Milly
- D. Mr. Sterling

WEEK 6 Try It Out!

B CDを聴いて、（　）の中に入る語を書き取ってください。

2-18

6　Why did you become (　　) (　　) smoking?

7　It seems possible (　　) me to (　　) the patient.

8　I feel (　　) to hear from my grandma who I haven't seen (　　) years.

9　Where (　　) I (　　) this jacket?

10　The earthquake was (　　) and the victims were all (　　).

11　(　　) with (　　) isn't a good choice for us.

12　Step (　　) (　　); I'm in a hurry.

13　(　　) am (　　) doing?

14　So you think of (　　) as (　　), don't you?

15　This revised story isn't (　　) (　　) as the original draft.

WEEK 7 JOBS

DAY 19 会社やめるの？

意味を考えながら 正確に聞き取ろう！ LISTENINGの基礎演習

Dictation ①

WEEK 6 では部分的なディクテーションの練習をしました。WEEK 7 ではさらに一歩進んで、英文を聞いてすべての語を書き取る練習をしましょう。また、聞き取る際には表面的な音だけでなく、文が何を意味しているのかも頭の中で描きながら聞き取るように注意しましょう。

では CD に録音されている英文を聞いて、書き取ってください。

CD 2-19

1 _____

2 _____

3 _____

【答】 1. This job offer doesn't seem to be a good deal.
2. I want to leave my parents to live by myself.
3. If it means working fewer hours, why don't you take that job offer?

Julie: Shirley, can you keep a secret? I'm taking that job offer.

Shirley: You're leaving the company? But you're a department manager, Julie!

Julie: That's true. But I'm still leaving this company.

Shirley: But **what about** your seniority, your benefits**?**

Julie: Hey, I'll be working fewer hours. **Even better**, my salary will be higher.

Shirley: **I hope you know what you're doing!**

Vocabulary

- **job offer**
  就職・転職の口
- **department manager**
  課長
- **seniority**
  年功序列
- **benefit**
  手当

WEEK 7 JOBS — DAY 19

ジュリー：	シャーリー、ちょっと秘密にしておいてほしい話なんだけど、あの転職の話、受けようと思って。
シャーリー：	じゃ、会社やめるの？でもあなた課長でしょ、ジュリー。
ジュリー：	それはわかっているけど、でもやっぱりこの会社をやめようと思っている。
シャーリー：	でも、地位や諸手当はどうするの？
ジュリー：	聞いて。今度のところでは、労働時間だって少なくなるし、さらにいいことは、給料がここよりも高いってことなのよ。
シャーリー：	本当に事の重大さをわかっているといいけど。

学校では習わない生の英語

★ **You're leaving the company?**
　"Are you...?"の形ではありませんが、文末のイントネーションを上げて、「…なの？」と疑問を表しています。

★ **What about...?**
　「…はどうするの？」「…はどうなのですか？」と尋ねるときの口語表現です。

★ **I'll be ～ing**
　「そのときには～しているだろう」と先のことを予想するときの表現。

★ **even better**
　「さらにいいことに」と、前置きをするときの言い方です。

CDを聴いて、設問に答えましょう。

Question 1

A.

President

B.

Department Manager

C.

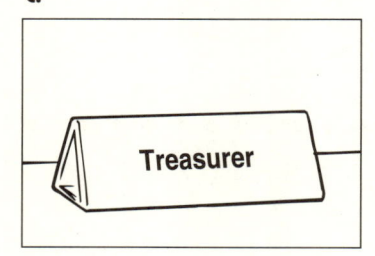

Treasurer

D.

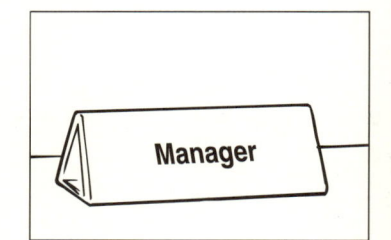

Manager

Question 2

A. That job offer

B. Fewer hours

C. A higher salary

D. More benefits

Question 3

A. She agrees with the decision.

B. She is very happy.

C. She is concerned.

D. She has no opinion.

WEEK 7 JOBS — DAY 19

ヒントと解答

Question 1 B

Which is Julie's job title?

「ジュリーの肩書きはどれですか」

> **Hints** この会社をやめようとしている Julie に対して、Shirley が "But you're a department manager, Julie!" と言っていることからわかる。

Question 2 A

What does Julie say she's taking?

「ジュリーは何を受け入れると言っているのですか」

A. その就職口
B. より短い時間
C. より高い給料
D. より充実した手当

> **Hints** Julie は何を受け入れようと言っているのか、というのが質問。特に、「受け入れる」というときの taking に注意すると、本文で "I'm taking that job offer." と明確に言っている。したがって、A の that job offer を選ぶ。

Question 3 C

How does Shirley feel about Julie changing jobs?

「シャーリーはジュリーが転職することをどう思っていますか」

A. その決心に賛成している。
B. とてもうれしい。
C. 心配している。
D. 意見はない。

> **Hints** どうしてやめるのかと問い詰めているので、agree（同意する）や happy（うれしい）ではないことがわかる。やめることを心配して（concerned）いると解釈した C が最も適切である。

やりなおし英語
ワンポイントレッスン

Do you know...?

「何をやっているのですか」と言うときには What are you doing? と言いますが、「何をやっているのか、わかっているのですか」と尋ねるときには、Do you know what you are doing? と言います。ここで注目していただきたいのは Do you know what <u>are you</u> doing? ではなく、you are と語順が入れ替わっていることです。また、元の文の動詞が What did he eat? のように一般動詞の場合は、Do you know what he ate? と語順と語の形が変わります。つまり、疑問詞（what, who など）の後は通常の文に戻るのです。

では上の例にならって、次の疑問文を Do you know で始まる文に書き換えましょう。

1. Why did he apply to the University of Texas?

   Do you know why he applied to the University of Texas?

2. What is his name?

   Do you know what his name is?

3. Which piece of pie didn't you touch?

   Do you know which piece of pie you didn't touch?

4. Who told him the secret?

   Do you know who told him the secret?

WEEK 7 JOBS
DAY 20 業績は好調です

LISTENINGの基礎演習
Dictation 2

今回も引き続き、英文を聞いてすべてを書き取る練習をしましょう。また、聞き取る際には表面的な音だけでなく、時制や単数・複数の違いなどにも気を配り、文の意味をよく考えながら聞き取るよう注意しましょう。
ではCDに録音されている英文を聞いて、書き取ってみましょう。

1. _____

2. _____

3. _____

【答】 1. Some of our sales managers have master's degrees in business.
2. Do you really want to work for this company for as long as you live?
3. In this market, this company sells more imported goods than that one.

Domestic sales are at their highest level in our history. And, they should continue to rise rapidly for at least the next 12 months. However, **business is slow** in our European markets. We are working on a plan to increase profits there. In our new Asian market, business is steady. And **it is expected to** increase as our products become more familiar. Overall business is good enough for us to pay dividends to our stockholders. **That will make everyone happy.**

Vocabulary

- **domestic sales**
  国内売上
- **rapidly**
  急速に
- **profit**
  利益
- **steady**
  安定した
- **overall**
  総合的な
- **dividend**
  配当金
- **stockholder**
  株主

WEEK 7 JOBS — DAY 20

国内売上は当社設立以来、最高となりました。また、少なくとも今後12か月は急成長が続くことが期待できます。しかしながら、当社のヨーロッパ市場での**業績は低迷しており**、売上を増加させる方策を早期に練らなくてはなりません。一方、新たに参入したアジア市場では安定した販売成績を上げており、当社の製品がより多くの人々に知られるにつれて、さらに成長**する見込み**です。全体的な業績は、当社株主に十分な配当を支払えるほど好調であり、**関係者全員にとっての朗報**となるでしょう。

学校では習わない生の英語

★ **Business is slow.**
「業績が低迷している」「景気がよくない」を表す定番表現。逆に、本文中のsteadyは「順調な」「一定した」の意味。

★ **work on...**
「…に取り組む」という日本語がぴたりときます。

★ **it is expected to...**
「…することが見込まれる」。スピーチや報告書など形式ばった文に使われます。

CDを聴いて、設問に答えましょう。

Question 1

A.

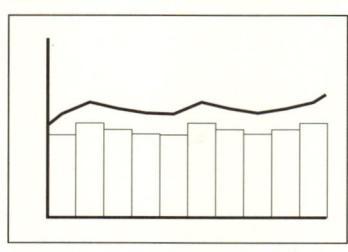

B.

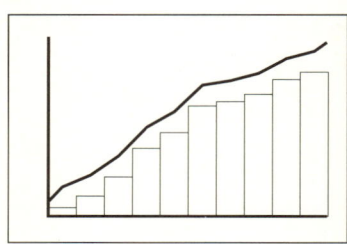

C.

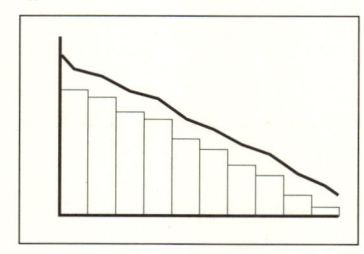

D.

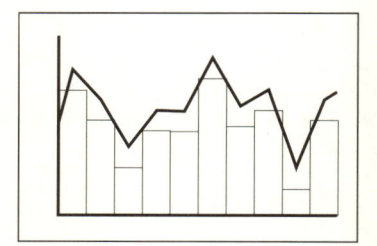

Question 2

A. For the next 12 months
B. For the last 12 months
C. For the next 12 years
D. For the last 12 years

Question 3

A. National
B. International
C. Domestic
D. Far Eastern

WEEK 7 JOBS — DAY 20

ヒントと解答

Question 1 A

Which is the Asian sales chart?

「アジアにおける販売を表しているのはどの図ですか」

> **Hints** アジア市場の売上動向を示した図を選ぶ。"In our new Asian market, business is steady."と言っている。このsteadyは「安定した、不変の」という意味なので、Aの変化のない一定の業績を上げ続けている図を選ぶ。

Question 2 A

For how long should domestic sales rise?

「国内販売はどのくらいの期間伸びるはずだと考えられていますか」

A. 今後12か月間
B. これまでの12か月間
C. 今後12年間
D. これまでの12年間

> **Hints** この場合のshouldは「…すると予測される、…するはずである」という意味である。この先少なくとも12か月間は急成長が続くと述べられているので、Aを選ぶ。

Question 3 B

What best describes this company?

「この会社について最もよく説明しているのはどれですか」

A. 全国的な
B. 国際的な
C. 国内向けの
D. 極東の

> **Hints** ヨーロッパやアジアなど、世界の複数の地域でビジネスを行っているこの会社をひとことで表すと、BのInternationalということになる。国内販売は好調だが、domesticがこの会社のすべてを表しているわけではない。

やりなおし英語 ワンポイントレッスン

makeの用法(1)

本文にThat will make everyone happy.という文があります。このmakeは"make+A+形容詞"の用法で、「Aを…にする」という意味になります。

- 例　make it better「より良くする」
- 例　make my mother angry「母を怒らせる」

では、上の例にならって、makeを使って次の日本語を英語にしてみましょう。

1. その男は母親を不幸にした。
   That man made his mother unhappy.

2. どうして君は怒っていたんだい。(何が君を怒らせたんだい。)
   What made you angry?

3. 食べ過ぎて具合が悪くなってしまった。
   Too much food made me sick.

makeの用法(2)

上の用法と似ているのが、「Aに…させる」と言うときの"make+A+動詞"という用法です。

- 例　make me cry「私を泣かせる」
- 例　make my mother feel happy「母を幸せだと感じさせる」

では、上の例にならって、makeを使って次の日本語を英語にしてみましょう。

4. あなたにしかめつら(frown)させようというつもりじゃなかったの。
   I didn't mean to make you frown.

5. あの教授は学生たちを30分待たせた。
   That professor made the students wait for 30 minutes.

6. 玉ねぎのにおいをかぐと気持ちが悪くなる。
   The smell of onions makes me feel sick.

WEEK 7 JOBS

DAY 21 何か思いあたることはあるかい？

LISTENINGの基礎演習
意味を考えながら / 正確に聞き取ろう！

Dictation ③

今回も引き続き英文を聞いて、そのすべてを書き取る練習をしましょう。また、いつものように聞き取る際には表面的な音だけでなく、時制や単数・複数の違いなどを通じて文の意味をよく考えながら聞き取るよう注意しましょう。
ではCDに録音されている英文を3回ずつ聞いて、書き取ってみましょう。

1 ＿＿＿＿＿＿＿＿＿＿＿＿＿＿＿＿＿＿＿＿＿＿＿＿＿＿＿＿＿＿＿＿
＿＿＿＿＿＿＿＿＿＿＿＿＿＿＿＿＿＿＿＿＿＿＿＿＿＿＿＿＿＿＿＿

2 ＿＿＿＿＿＿＿＿＿＿＿＿＿＿＿＿＿＿＿＿＿＿＿＿＿＿＿＿＿＿＿＿
＿＿＿＿＿＿＿＿＿＿＿＿＿＿＿＿＿＿＿＿＿＿＿＿＿＿＿＿＿＿＿＿

3 ＿＿＿＿＿＿＿＿＿＿＿＿＿＿＿＿＿＿＿＿＿＿＿＿＿＿＿＿＿＿＿＿
＿＿＿＿＿＿＿＿＿＿＿＿＿＿＿＿＿＿＿＿＿＿＿＿＿＿＿＿＿＿＿＿

CD 2-29

【答】 1. Have you seen him at all since he came back to Japan?
2. She seldom reads a book or even a newspaper.
3. The way you told off your children wasn't really good.

2-30

Koji: Steve, why don't the employees like me? Can you explain?

Steve: It's **the way you behave with them**, Koji. You're too serious when you're working. I've never seen you laugh and you seldom even smile. The way that you correct our staff is not good either. Don't tell them that they're doing something wrong and walk away. It embarrasses them.

Koji: Thank you for your advice. **I'll try to** do better.

Vocabulary

- **employee**
  従業員
- **explain**
  説明する
- **behave**
  ふるまう
- **correct**
  直す、訂正する
- **walk away**
  立ち去る
- **embarrass**
  はずかしい思いをさせる

WEEK 7 JOBS — DAY 21

コージ： スティーブ、どうして私は部下たちに好かれないんだろうね。何か思い当たることはあるかい？

スティーブ： コージ、それは**君の部下に対する接し方**に原因があるんじゃないかな。仕事中、ちょっとまじめ過ぎるよ。君が笑っているのを一度も見たことがないし、まずほとんどニコリともしない。スタッフに対する指導法も良いとはいえない。それは間違ってるぞ、とだけ言って出て行ってしまうのは良くないと思う。言われたほうだって嫌な気分がするよ。

コージ： アドバイスありがとう。直すよう**努めてみる**よ。

学校では習わない生の英語

★ **see A 〜**
「Aが〜するのを見る」。〜の部分には動詞の原形が入ります。また、〜ing形を使って see you laughing と言うと「あなたが笑っているところを見る」の意味になります。

★ **something wrong**
「何か…なもの」と言うときには something のあとに形容詞をつけます。

★ **I'll try to...**
「…するようにする」「…してみる」。"I'm trying to." 「（何かを言われて）今そうしようとしているところだ」もよく使われる表現です。

CDを聴いて、設問に答えましょう。

2-30
2-31
2-32
2-33

Question 1

A.

B.

C.

D.

Question 2

A. Too young
B. Too happy
C. Too serious
D. Too embarrassed

Question 3

A. Talk
B. Work
C. Laugh
D. Smile

WEEK 7 JOBS — DAY 21

ヒントと解答

Question 1   C

Which picture shows Koji's face in this conversation?
「この会話をしているときのコージの顔はどれですか」

> コージはどうしたらいいかわからないのでスティーブに相談しているのだから、Cの「どうしたらいいのか混乱した顔をしている (looking confused)」絵を選ぶ。Bを選びたくなるかもしれないが、怒った口調ではない。

Question 2   C

How does Steve describe Koji?
「スティーブはコージをどのように表現していますか」

  A. 若過ぎる
  B. 幸せ過ぎる
  C. まじめ過ぎる
  D. はずかしがり過ぎる

> スティーブはコージの態度をどのように表現しているか、というのが設問の主旨。スティーブはコージに向かって、"You're too serious..."と言っているので、Cを選ぶ。

Question 3   D

What does Koji seldom do?
「コージがふだんほとんどしないことは何ですか」

  A. 話す
  B. 働く
  C. 笑う
  D. ほほえむ

> "...you seldom even smile..."とある。CのLaughはコージがふだんあまりしないことではなく、まったくしないことである。"I've never seen you laugh..."「君が笑っているのを一度も見たことがない」と言っているが、seldomとneverとでは頻度が違うことに注意する。

やりなおし英語 ワンポイントレッスン

the way (that)...

本文に It's the way you behave with them. と The way that you correct our staff is not good. という文があります。どちらにも the way (that)...という表現が使われていますが、これは how と同じく、「…するそのやり方」という意味になります。

例 How you correct our staff is not good.
→ The way that you correct our staff is not good.

では上の例にならって、次の how を用いた英文を the way (that)...を使って書き換えてみましょう。

1. How you sing is always attractive.

   The way (that) you sing is always attractive.

2. The problem was how you explained it.

   The problem was the way (that) you explained it.

3. I don't like how you treat your colleagues.

   I don't like the way (that) you treat your colleagues.

Try It Out!

WEEK 7

A 英文を聴いて、設問に答えましょう。

2-34

1. A. ① → ② → ③
   B. ② → ① → ③
   C. ③ → ① → ②
   D. ① → ③ → ②

2. A. One
   B. Two
   C. Three
   D. Four

3. A. When to do it
   B. What kind to issue
   C. Who will buy it
   D. To issue stock or not

4. A. To form a corporation
   B. To find corporate directors
   C. To issue stock
   D. To sell assets

5. A. How much of the final stock
   B. What kind of stock
   C. Which personal assets
   D. None of the above

WEEK 7 Try It Out!

B CDを聴いて、英文（全文）を書き取ってください。

2-35

6 _____

7 _____

8 _____

9 _____

10 _____

11 _____

12 _____

13 _____

14 _____

15 _____

WEEK 8 JAPANESE CULTURE

DAY 22 三島の世界へようこそ

英語の語順のまま
文頭から理解すれば簡単！

LISTENINGの基礎演習

Sight Translation ①

通訳の方法の1つである「サイトトランスレーション」は、あらかじめ用意された原稿を見ながらスムーズかつスピーディーに訳していくものです。学校で英文和訳の練習をした際には、十分時間を取って訳していったと思いますが、この練習ではある一定のまとまりを持った情報の単位ごとに分けて、ふつうに話すのと同じペースで、スムーズに訳していきます。

この練習をすることによって次のような効果があります。
① 文の流れにそって意味をつかむことができるようになる
② 読むスピードが速くなる
③ 会話やリスニングにおいても相手の話すスピードについていけるようになる

まずは、今回の英文を使って、英文を情報単位ごとに区切る練習から始めてみましょう。意味のまとまりを見つけて区切っていってください。

Welcome to "The World of Mishima" exhibit. The photos and items on display help explain the life of this interesting man. The first section features Mishima's unusual childhood. The second section introduces the adult Mishima. It shows how his beliefs led to his early death. Section three is dedicated to Mishima's writing. His incredible books and plays have become classics.

【答】Welcome / to / "The World of Mishima" exhibit. / The photos and items / on display / help explain / the life / of this interesting man. / The first section / features / Mishima's unusual childhood. / The second section / introduces / the adult Mishima. / It shows how / his beliefs led to / his early death. / Section three / is dedicated / to Mishima's writing. / His incredible books and plays / have become classics.

Welcome to "The World of Mishima" exhibit. The photos and items on display **help explain** the life of this interesting man. The first section features Mishima's unusual childhood. The second section introduces the adult Mishima. **It shows** how his beliefs **led to** his early death. Section three is dedicated to Mishima's writing. His incredible books and plays have become classics.

Vocabulary

- **exhibit**
  展示会
- **display**
  展示、展覧 ⇒ on display 「展示されている」
- **feature**
  (…を) 特徴とする、見せ物とする
- **unusual**
  変わった、ふつうとは違う
- **belief**
  信念
- **dedicate**
  献身する、捧げる
- **classic**
  古典作品

WEEK 8
JAPANESE CULTURE   DAY 22

本日は「三島の世界」展示会へお越しいただきありがとうございます。展示されております写真や資料は、この興味の尽きない作家の一生を語っています。第1部は一風変わった三島の少年時代。第2部では成人した三島をご紹介しております。彼の思想がいかに若すぎた死につながったかがうかがえます。第3部は三島の著作に捧げられています。三島の偉大な小説や戯曲はもはや古典となっています。

学校では習わない生の英語

★ **It shows…**
「…を示している」「…がうかがえる」などの意味でよく使われる口語表現です。

★ **incredible**
「すごい」。元は「信じられない」の意味。

CDを聴いて、設問に答えましょう。

Question 1

A.

B.

C.

D.

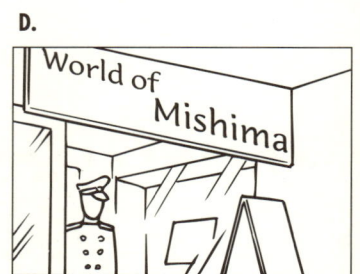

Question 2

A. Normal

B. Active

C. Unusual

D. Peaceful

Question 3

A. A professor

B. A student of Mishima

C. A writer

D. A museum employee

WEEK 8 JAPANESE CULTURE ········ DAY 22

ヒントと解答

Question ❶ C

Which picture shows the second section of the exhibit?
「展示会の第2部を表しているイラストはどれですか」

> second section で展示されている内容にふさわしいものを選ぶ。"...the adult Mishima."と述べられているので、Cを選ぶ。Aは第1部、Bは第3部、Dは展示会全体を表している。

Question ❷ C

How is Mishima's childhood described?
「三島の幼少時代はどのように描かれていますか」

A. ふつう
B. 活発
C. 変わっている
D. 平和な

> describe「描写する」であるが、How is ... described?で「どのように述べられているか」の意味。本文では"...Mishima's unusual childhood."と言っている。

Question ❸ D

Who is probably speaking?
「話しているのはだれだと考えられますか」

A. 教授
B. 三島の生徒
C. 作家
D. 博物館の職員

> 本文冒頭の"Welcome to ... exhibit."から、展示会を開催している側による放送であることを理解したい。

やりなおし英語
ワンポイントレッスン

help

動詞helpは「…をする手助けをする〔となる〕」の意味で、後ろに動詞の原形が続きます。今回の英文中のhelp explainは「説明する手助けとなる」が直訳です。「Aさんが…をする手助けとなる」の場合の"help+A+動詞原形"もあわせて覚えましょう。また、主にイギリスでの用法ですが、help to explain やhelp+A+to…のように"to+動詞"が続く形も見られます。

> 例　The program will help increase our total sales.
> 「その企画は総売上を伸ばす一助となるでしょう」

lead

lead to…の形で「…に導く」の意味で用いられます。本文では過去形ledが使われていました。「…」の部分にくるのは具体的な場所だけでなく、抽象的な概念の場合もあります。さらにtoの後が動詞の原形で「…するようにさせる（導く、影響を与える）」という形でも用いられます。また、"lead+A+to…"で「Aを…に導く」という用法にも慣れておきましょう。

> 例　What leads you to such a conclusion?
> 「何でそんな結論に達するのですか」

dedicate

dedicate to…で「…に捧げる」の意味。受け身の形be dedicated to…でよく使われます。また、dedicate oneself to…「…に打ち込む」も覚えておきましょう。

> 例　John dedicated himself to the nonsmoking campaign.
> 「ジョンは禁煙運動に打ち込みました」

WEEK 8　JAPANESE CULTURE

DAY 23　お楽しみいただけましたでしょうか

英語の語順のまま／文頭から理解すれば簡単！　LISTENINGの基礎演習

Sight Translation ②

引き続きサイトトランスレーションの練習をしてみましょう。今回の英文は、逐次スラッシュを入れてかなり細かく切られていますので、日本語としてうまく通じるようにひと区切りごとに意味を考えてみてください。今回は下に試訳を書いておきます。一度自分で挑戦してみてから試訳と比べてみてください。

Watch / as the dancers tell / the history of Japan… / Here are / the proud Samurai Shoguns… / These are / the first Dutch / to reach the Japanese islands— / how different they were… / Watch / Japan, the warrior nation; / the Japanese were / feared by other nations / in the early 20th century… / See / Japan as it is now, / a corporate giant… / Thank you. / We hope you enjoyed our program.

ご覧ください。／役者が踊りでお見せするのは／日本の歴史です。／こちらにおりますのが／尊大な将軍、／そしてこちらが／初めてのオランダ人が／日本列島にたどり着いたところ。／何という両者の違いでしょう。／ご覧ください。／軍事国家日本。／日本人が／他国に恐れられていた／20世紀初頭。／ご覧ください。／今日の日本、／大企業国家。／ありがとうございました。／上演をお楽しみいただけましたでしょうか。

Watch as the dancers tell the history of Japan… Here are the proud Samurai Shoguns… These are the first Dutch to reach the Japanese islands—how different they were… Watch Japan, the warrior nation—the Japanese were feared by other nations in the early 20th century… See **Japan as it is now**, a corporate giant… Thank you. **We hope you enjoyed our program.**

Vocabulary

- **proud**
  誇らしげな⇒ be proud of...で「…を誇りに思う」
- **Dutch**
  オランダの、オランダ人の
- **reach**
  到着する⇒「届く」が元の意味
- **warrior**
  戦士⇒ war から派生している
- **fear**
  恐れる
- **corporate**
  企業の、団体の、法人の

WEEK 8
JAPANESE CULTURE ……… DAY 23

役者が踊りで日本の歴史をご覧にいれます。こちらが尊大な将軍、そしてこちらが初めて日本列島にたどり着いたオランダ人たち。この両者の差…。軍事国家日本をご覧ください。20世紀初頭、日本人は諸外国から恐れられていました。**現在の日本をご覧ください、大企業国家であります**…。ありがとうございました。上演をお楽しみいただけましたでしょうか。

● ●

学校では習わない 生の英語

★ **as it is**
「ありのまま」というニュアンスです。

★ **We hope you…**
あいさつ、演説、解説などの最後で"Thank you very much."とともに使われます。聞き手に対する気づかいを表す、欧米的発想に根ざした表現と言えます。

CDを聴いて、設問に答えましょう。

2-40
2-41
2-42
2-43

Question 1

A.

B.

C.

D.

Question 2

A. Chinese

B. Korean

C. American

D. Dutch

Question 3

A. They respected them.

B. They didn't know them.

C. They feared them.

D. They traded with them.

WEEK 8 JAPANESE CULTURE — DAY 23

ヒントと解答

Question 1   B

Where is this taking place?
「これはどこで行われていることですか」

> **Hints** dancers が登場している場所であることは間違いない。the history of Japan を表している dance といえばどれか。ここでの dancer は「役者」のこと。

Question 2   D

What nationality is mentioned?
「どの国の人のことが話されていますか」

A. 中国人
B. 韓国人
C. アメリカ人
D. オランダ人

> **Hints** "…the first Dutch to reach…"と言っている。mention は「(名など)を挙げる」の意味。日本人以外に述べられているのは Dutch のみ。

Question 3   C

How did other nations feel about the Japanese early in the 20th century?
「外国は20世紀初頭の日本のことをどう思っていましたか」

A. 尊敬していた。
B. 知らなかった。
C. 恐れていた。
D. 貿易をしていた。

> **Hints** 「日本人が他国からどう思われていたか」という設問。"…the Japanese were feared…"とある。fear がキーワード。

やりなおし英語
ワンポイントレッスン

reach

「到着する」の意味での動詞reachは、前置詞を伴わずにそのまま到着する場所が続きます。"arrive at [in]+場所"や"get to+場所"などと正確に区別して覚えておきましょう。

other

anotherの複数形として使われます。

- 例1　another nation「ほかのもう1つの国」
- 例2　other nations「ほかのいくつかの国」

また、theがつくと「残りの」という意味合いを持ちます。
- 例1　the other nation「(2つのうちで)もう一方の国」
- 例2　the other nations「残り全部の国々」

hope

hopeにはthat...が続く場合と、to...が続く場合があります。

- 例1　We hope that you enjoyed the party.
  「パーティをお楽しみいただけましたでしょうか」
- 例2　I hope to see you soon.
  「近いうちにお目にかかりたいと思っております」

WEEK 8 JAPANESE CULTURE

DAY 24 いいですか、靴は脱いでください

LISTENINGの基礎演習
英語の語順のまま／文頭から理解すれば簡単！

Sight Translation ③

サイトトランスレーションの仕上げをしましょう。今回も英文スクリプトを下に載せておきますので、自分で区切ってから訳してみてください。短い文は無理に区切る必要はありません。

A: Remember, take your shoes off and put them over there.

B: OK. What should I do next?

A: You can burn these incense sticks as an offering or you can simply walk around. Please be quiet, though.

B: Can't I strike the bell?

A: Not today, since it's for special occasions only. I'll come back in 20 minutes.

B: After that, can we buy some souvenirs? My family expects them.

【訳】A: Remember, (いいですか) / take your shoes off (靴を脱いで) / and put them over there. (そこに置いてください)
B: OK. (はい) / What should I do next? (次は何をしたらいいのですか)
A: You can burn these incense sticks (お線香に火をつけて) / as an offering (お供えしてもいいですし) / or you can simply walk around. (ただ歩き回ってもいいです) / Please be quiet, though. (でも静かにしてください) /
B: Can't I strike the bell? (鐘は鳴らせないのですか)
A: Not today, (今日はだめです) / since it's for special occasions only. (特別な催しだけですから) / I'll come back in 20 minutes. (20分したら戻ります) /
B: After that, (その後) / can we buy some souvenirs? (おみやげを買えますか) / My family expects them. (家族が期待しているので)

	Guide:	**Remember**, take your shoes off and put them over there.
	Tourist 1:	OK. What should I do next?
	Guide:	You can burn these incense sticks as an offering or you can simply walk around. Please be quiet, **though**.
	Tourist 2:	Can't I strike the bell?
	Guide:	Not today, since it's for special occasions only. **I'll come back in 20 minutes.**
	Tourist 3:	After that, can we buy some souvenirs? My family expects them.

Vocabulary

- **burn**
  燃やす、火をつける、焼く
- **incense**
  香、香料
- **stick**
  棒、枝切れ、棒状のもの⇒ incense stick「線香」
- **offering**
  供物
- **strike**
  （鐘などを）打つ
- **occasion**
  場合、状況
- **souvenir**
  みやげ

WEEK 8
JAPANESE CULTURE ……… DAY 24

ガイド：	いいですか、靴は脱いであちらに置いてください。
旅行者１：	はい。次は何をしたらいいのですか。
ガイド：	このお線香に火をつけてお供えしてもいいし、ただ歩いて見て回ってもかまいません。でも静かにしてくださいね。
旅行者２：	鐘は打てないのですか。
ガイド：	今日はだめです。特別な場合だけですから。**20分で戻ります**。
旅行者３：	その後おみやげを買えますか。家族が楽しみにしているのです。

学校では習わない生の英語

★ **…, though.**
「でも…」の意味で、文の最後に付け加えられます。

★ **OK.**
日本語で「オーケー」と言うと軽率な印象を与えますが、英語ではあいづちを打つときによく使われます。日本人の英語には"Yes."が頻繁に登場しますが、その多くは"OK."と言うべきところです。

★ **since…**
「…なので」と理由を表します。

CDを聴いて、設問に答えましょう。

Question 1

A. Walk around
B. Buy souvenirs
C. Strike the bell
D. Burn incense

Question 2

A. In 12 minutes
B. In 20 minutes
C. In 25 minutes
D. In 35 minutes

Question 3

A. She wants to go to another temple.
B. She wants to go home.
C. She wants to get presents for her family.
D. She wants to see her family.

WEEK 8
JAPANESE CULTURE ········ DAY 24

ヒントと解答

Question ① C

What can't the tourists do?
「観光客がしてはいけないことは何ですか」
  A. 歩き回る
  B. おみやげを買う
  C. 鐘を打つ
  D. 線香をたく

> **Hints** 質問文のcan'tが聞き取れたかどうかがポイント。旅行者が "Can't I strike the bell?" と尋ねているのに対して、"Not today..."「今日はだめ」と答えている。"You can burn...incense..." "You can...walk around."のcanをcan'tと聞き違えないように。

Question ② B

When will the guide return?
「ガイドはいつ戻ってきますか」

> **Hints** 数字の聞き取りがポイント。あわてずにtwelveとtwentyを正確に聞きわけたい。in ... minutes は「…分後」の意味。

Question ③ C

What does the female tourist want to do after the guide comes back?
「女性の観光客はガイドが戻ってきたら何をしたいと思っていますか」

> **Hints** ここではsouvenirとpresentが同義である。"Can we...?"は許可を求める表現。

  A. ほかの寺に行きたい。
  B. 帰りたい。
  C. 家族におみやげを買いたい。
  D. 家族に会いたい。

やりなおし英語
ワンポイントレッスン

remember

「覚えている、忘れずに…する」の意味ですが、後ろに〜ing形の語が続くときには「〜したことを覚えている」、"to+原形動詞"が続くとき（例: remember to lock the door）には「（これから）忘れずに…する」の意味になります。また、本文のように、単独で用いられているときにはイントネーションに注意してください。上がり調子ならば「覚えていますか」、下がり調子ならば「覚えていてください、いいですか」の意味になります。

take off

「脱ぐ」の意味で用いられていますが、ほかに「離陸する」の意味でもよく使われます。なお、本文の take your shoes off は take off your shoes と同じ意味です。熟語を構成する2語（この場合は take と off）の間に目的語が挿入されるのは、原則的には目的語が it や them などの代名詞のとき、または目的語が短いときです。

can

おなじみの助動詞ですが、本文の You can burn these incense sticks. を「お線香に火をつけることができる」とすると少々堅苦しいですね。ここでの can は may「…してもよい」と同じ意味です。実際には、may は目上の人が下の人に許可を与えるときなどに用いる表現なので、もっと軽く「…してもいいよ」という意味を表したいときには can を用いています。

WEEK 8

A 英文を聴いて、設問に答えましょう。

2-48

1

A. B.
C. D.

2   A. The Japanese man never answering questions
    B. The Japanese man never answering questions directly
    C. The American woman never asking questions
    D. The American woman never asking questions directly

3   A. Upsetting the American woman
    B. Not answering
    C. Telling lies
    D. Nothing

4   A. She doesn't know.
    B. She is interested.
    C. She wants a direct answer to a question.
    D. She wants to embarrass her friend.

5   A. As being more upset
    B. As being less upset
    C. As being more direct
    D. As being less direct

WEEK 8 Try It Out!

B CDを聴いて、それぞれの英文に対する適切な和訳を選んでください。

2-49

6 A. 第1部は東京の未来に関するお話を紹介します。
　 B. 第1部は東京に関するお話を紹介します。

7 A. 諸外国がオランダとロシアの後に日本にたどり着きました。
　 B. オランダ人の後に日本にたどり着いたもう1つの国はロシアです。

8 A. コートをたんすから出して着なさい。
　 B. コートを脱いでたんすの中につるしておきなさい。

9 A. あの特別な機会以来、だれもあの鐘をつくことができません。
　 B. だれもあの鐘をつくことができません。特別な場合だけですから。

10 A. あれが一流の音楽なのでしょうか。
　　B. あれはクラシック音楽ですか。

WEEK 9 ENVIRONMENT

DAY 25 道理でウミガメが急に姿を消しているわけね

逐次通訳訓練で LISTENINGの基礎演習
雑音に負けずに意味を取る！
逐次通訳 ①

さて、いよいよCDを聞きながら行う逐次通訳に挑戦してみましょう。聞いた順に意味を考えることで、英語を即座に理解し、リスニングに必要な集中力を養っていく練習です。1回めの今回に限り、下に試訳を載せておきます。一度自分で訳してみた後で、参考までに読んでください。

A: I've just finished reading an article about sea turtles. / They're eating plastic / and dying from it. /
B: I've heard / how they get caught in old fishing nets / and then drown. /
A: Then there's the toxic chemicals / being dumped into the oceans. / They can kill the turtles, too. /
B: It's no wonder / sea turtles are disappearing so rapidly. /

A: ちょうどウミガメについての記事を読んだところです。／プラスチックを食べて／そのせいで死んでいるそうです。／
B: 聞いたところでは／古い魚網にひっかかって（howは訳さないほうがよい）／それで溺れて死んでしまうようですね。／
A: それから、毒性化学物質が／海に捨てられています。／それもカメの死因になってしまうこともあるのです。／
B: 道理で／ウミガメが急激に姿を消しているわけですね。／

2-51

Man: I've just finished reading an article about sea turtles. They're eating plastic and **dying from it**.

Woman: I've heard how they **get caught in** old fishing nets and then drown.

Man: Then there's the toxic chemicals being dumped into the oceans. They can kill the turtles, too.

Woman: **It's no wonder** sea turtles are disappearing so rapidly.

Vocabulary

- **sea turtle**
 ウミガメ
- **drown**
 おぼれる、溺死する [draun]
- **toxic**
 毒性の
- **chemical**
 （通常複数形で）化学製品
- **dump**
 投棄する⇒ into を伴って「…に投棄する」
- **wonder**
 不思議なこと
- **rapidly**
 急激に、急に

WEEK 9
ENVIRONMENT ······ DAY 25

男性： ウミガメについての記事をちょうど読み終えたんだけど、プラスチックを食べて、そのせいで死んでいるんだって。

女性： 古い魚網にひっかかって、それで溺れ死ぬというのも聞いたことがあるわ。

男性： それに海に毒性の化学物質が投棄されているんだって。それもカメの死因になるんだ。

女性： 道理でウミガメが急に姿を消しているわけね。

● ●

学校では習わない生の英語

★ **They can kill…**
　この can は、能力ではなく可能性を表しています。
★ **It's no wonder…**
　「…ということも不思議ではない」が原義。

CDを聴いて、設問に答えましょう。

2-51
2-52
2-53
2-54

Question 1

A.

B.

C.

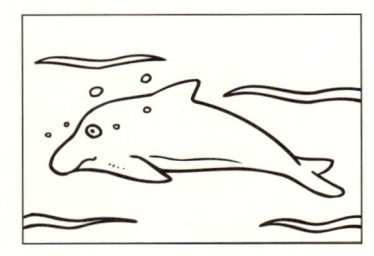

D.

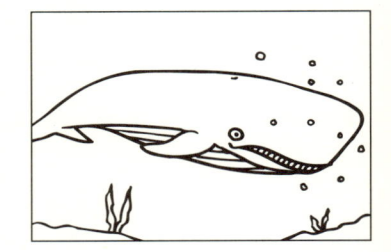

Question 2

A. A book
B. A newspaper
C. A magazine
D. An article

Question 3

A. She read about it.
B. She cares for turtles.
C. She is aware of the problems.
D. She is an expert on turtles.

WEEK 9 ENVIRONMENT — DAY 25

ヒントと解答

Question 1 B

Which picture shows the subject of the passage?
「この文の主題を表しているイラストはどれですか」

> **Hints** "…an article about sea turtles." および "…sea turtles are disappearing…" と言っている。

Question 2 D

What did the man just finish reading?
「男性は何を読み終えたところですか」
- A. 本
- B. 新聞
- C. 雑誌
- D. 記事

> **Hints** 会話文の冒頭で "I've just finished reading an article…"「記事を読み終えた」と述べている。新聞か雑誌かは判断できない。

Question 3 C

Why isn't the woman surprised that sea turtles are disappearing?
「女性はウミガメがいなくなっていることになぜ驚いていないのですか」
- A. そのことについて読んだから。
- B. ウミガメのことを気にかけているから。
- C. その問題を認識しているから。
- D. ウミガメの専門家だから。

> **Hints** ウミガメの死因がいろいろあることを聞かされたので驚いていない。本文中の It's no wonder… は「…でも不思議はない」という決まり文句。そのことについて読んだのは男性のほうなので、A は不可。

やりなおし英語 ワンポイントレッスン

finish

動詞finish「…を終える」の用法を間違える人が多いようです。「…を」の「…」の部分に当たるのは名詞か…ing形(動名詞)で、finish to…とは言いません。

例　finish working「仕事を終える」
　　×finish to work

die from, die of

両方とも死因が後に続きますが、from に続くのは間接的な死因で、die from eating plastic「プラスチックを食べたことが原因となって死ぬ」の場合がこれに当たります。ofの後ろにはcancer「ガン」など、より直接的な死因が続きます。これに似た用法として、be made of…「…を材料として作られる」とbe made from…「…を原料として作られる」があります。いずれもfromは間接的、ofは直接的なニュアンスを持っています。

getとbe

本文中に見られるget caughtについて考えてみましょう。受け身の文ですから、ふつうにthey are caughtでも意味は同じはずなのですが、be動詞を使ったときには単に「網にひっかかってしまっている」状態が表現されているのに対して、getのときには「網にひっかかる」という動きがより色濃く表されます。

WEEK 9　ENVIRONMENT

DAY 26　きれいな明日のために働きましょう

LISTENINGの基礎演習
逐次通訳訓練で　さに負けずに意味を取る！

逐次通訳 ②

逐次通訳の練習の第2回です。今回からは試訳例はありませんが、いくつかのポイントを挙げておきますので、参考にしてください。

❏ "CleanWorld is proud…"

　CleanWorldが社名だとわかることが大切です。「我がクリーンワールド社の誇りは」と始めてみてはどうでしょう。

❏ "Our company invests hundreds of thousands of dollars yearly…"

　この hundreds of thousands がわりとくせ者です。tens of thousands「数万」、hundreds of millions「数億」などの表現に日ごろからなじんでおくようにして、すぐに具体的な数字をイメージできるようにしましょう。訳としては「当社は年間数十万ドルを投資して」と始めるのはいかがでしょう。

それでは CD を聞きながら逐次通訳に挑戦してみましょう。(答えは183ページ訳を参照)

> CleanWorld is proud / to be a recognized "green" company. / The smoke from our factories / is completely filtered. / All of our waste water / is treated. / We recycle all of our paper, metal and glass waste as well. / Incredible as it may seem, / this is only the beginning. / Our company invests hundreds of thousands of dollars yearly / for "clean" research. / Join us and we'll all work / for a cleaner tomorrow together. /

CD 2-55

2-56

CleanWorld is proud to be a recognized "green" company. The smoke from our factories is completely filtered. All of our waste water is treated. We recycle all of our paper, metal and glass waste as well. **Incredible as it may seem**, this is only the beginning. Our company invests **hundreds of thousands of dollars** yearly for "clean" research. Join us and we'll all work for a cleaner tomorrow together.

Vocabulary

- **recognized**
  （一般的に）認められている⇒ recognize は「認める、承認する」
- **completely**
  まったく、完全に
- **filter**
  濾過する、（不純物などを）取り除く
- **waste water**
  排水
- **treat**
  処理する
- **recycle**
  再生する、再生利用する
- **invest**
  投資する

WEEK 9
ENVIRONMENT ……… DAY 26

クリーンワールド社は「緑の（地球にやさしい）」会社と認められていることを誇りとしています。当社工場からの排煙からは有害物質は完全に除去されています。産業排水もすべて処理されています。紙、金属、ガラス類のゴミも（同様に）再生しています。**信じられないように思われるかもしれませんが**、これはほんの始まりにすぎません。当社は「低公害」の研究に年間**数十万ドル**を投資しています。よりきれいな明日のためにともに働きましょう。

学校では習わない　生の英語

★ we'll all…
「私たちみんなで…」の意味ですが、このような all の入る位置に慣れておきましょう。

CDを聴いて、設問に答えましょう。

2-56
2-57
2-58
2-59

Question 1

A.

B.

C.

D.

Question 2

A. One

B. Two

C. Three

D. Four

Question 3

A. Hundreds of dollars a year

B. Thousands of dollars a year

C. Hundreds of thousands of dollars a year

D. Millions of dollars a year

WEEK 9 ENVIRONMENT — DAY 26

ヒントと解答

Question 1   D

Which picture shows the CleanWorld factory?
「クリーンワールド社の工場のイラストはどれですか」

> **Hints**　「きれいな工場」というイメージの絵を選ぶ。

Question 2   C

How many materials does CleanWorld recycle?
「クリーンワールド社は何種類の材料をリサイクルしていますか」

> **Hints**　"…recycle all of our paper, metal and glass waste."の中に挙げられている material（材料）は3種類。

Question 3   C

How much does CleanWorld spend for research?
「クリーンワールド社は研究にどのくらいの費用をかけていますか」

  A. 年間数百ドル
  B. 年間数千ドル
  C. 年間数十万ドル
  D. 年間数百万ドル

> **Hints**　"…invests hundreds of thousands of dollars yearly…"とある。hundreds of thousands で「数十万の」という意味。

やりなおし英語
ワンポイントレッスン

as well

「…もまた」の意味ではalsoと同義、また「同様に」の意味ではequallyと同じ意味で用いられます。ただしこれらの副詞と異なり、文末に多く用いられます。

例 Our company deals in imported items as well.
「当社は輸入品も扱っております」

Incredible as it may seem...

"形容詞+as+主語+動詞"のこの形は、"though+主語+動詞+形容詞"と同様、「…ではあるが」という譲歩の意味になります。本文中の表現は「信じられないように〔大変なことのように〕思える〔見える〕かもしれませんが」という意味です。

例 Poor as he is, Mike is looked up to as a man of honesty.
「マイクは貧しいが、正直者として尊敬されている」

hundreds of thousands

hundredは「百」ですが、hundredsと複数形になると「数百、何百」となります。thousands「数千」が「数百」あるので、「数十万」ということです。

例 tens of thousands「数万」
millions of…「数百万の…」

WEEK 9　ENVIRONMENT

DAY 27　それは考えたこともありませんでした

逐次通訳訓練で速さに負けずに意味を取る！ LISTENINGの基礎演習

逐次通訳 3

逐次通訳の練習の最終回です。最初はゆっくりの英語に長めのポーズで、次はノーマルスピードの英語に短めのポーズで練習してみましょう。（答は189ページ訳を参照）

1 まずは、1回め。ゆっくり練習します。

A: You know, / it's amazing / how science is solving pollution problems. / Look at / all of the natural water cleaning systems. / And look how quickly / an oil spill can be cleaned up. /

B: But look at / how these problems / were started. / We wouldn't have polluted water and oil spills in the first place / without science and industry. /

A: I never thought of that. /

2 それでは2回めです。ノーマルスピードの英語、短めのポーズで練習してみましょう。

Man: You know, it's amazing how science is solving pollution problems. **Look at** all of the natural water cleaning systems. And look how quickly an oil spill can be cleaned up.

Woman: But look at how these problems were started. **We wouldn't have polluted water and oil spills in the first place** without science and industry.

Man: I never thought of that.

Vocabulary

- **amazing**
  驚くべき
- **solve**
  解く、解決する
- **pollution**
  公害
- **spill**
  流出、こぼれること
- **clean**
  浄化する、（不純物を）除去する⇒「きれいにすること」が元の意味
- **pollute**
  汚染する
- **industry**
  産業、工業

WEEK 9
ENVIRONMENT ……… DAY 27

男性： 公害問題を科学的に解決する方法は驚異的ですね。自然水浄化システムの**すべてを考えて**みてください。それに流出した石油もどれほど素早く除去できることか。

女性： でも、どうしてこういった問題が始まったかを考えてください。**そもそも科学や工業がなければ汚水も石油の流出も**なかったのですよ。

男性： それは考えたこともありませんでした。

・・・・・・・・・・・・・・・・・・・・・・・

学校では習わない生の英語

★ **You know, …**
ここでは相手の注意を喚起するために使われています。また、言葉につまったときなどに口癖のように使う人も多い表現です。しかし、使いすぎると耳障りですので注意しましょう。

CD を聴いて、設問に答えましょう。

2-62
2-63
2-64
2-65

Question 1

A. One
B. Two
C. Three
D. Four

Question 2

A. Water systems
B. Natural water systems
C. Oil plants
D. Oil spills

Question 3

A. He is unsure of his opinion.
B. He is happy.
C. He is sure of his opinion.
D. He is very unhappy.

WEEK 9 ENVIRONMENT ……… DAY 27

ヒントと解答

Question 1　B

How many examples are given for science solving pollution problems?
「公害の問題を解決する科学としていくつの例があげられていますか」

> **Hints** 男性の最初の発言からわかる。"…the natural water cleaning systems."と言った後に"And…"と言っていることがポイント。もう1つの例は"…an oil spill can be cleaned up."。

Question 2　D

What can be cleaned up quickly?
「何が素早く浄化されますか」
- A. 水系
- B. 天然水系
- C. 石油精製工場
- D. 流出した石油

> **Hints** 本文中 quickly や cleaned up という表現を用いて話題にしているのは an oil spill。

Question 3　A

How does the man feel at the end of this conversation?
「会話の終わりには男性はどう考えていますか」
- A. 自分の意見に確信が持てない。
- B. 満足している。
- C. 自分の意見を確信している。
- D. 非常に不満である。

> **Hints** "I never thought of that."「それは考えたことがなかった」と述べているので、Aが最も近い。happy か unhappy かをうかがわせるような発言はまったくされていない。

やりなおし英語
ワンポイントレッスン

look

誰でも「見る」という意味が真っ先に思い浮かぶでしょう。このようなlookで始まる命令文は、もちろん「見てください」「ご覧ください」と考えてもかまわないのですが、文字どおりの「見る」の意味よりは、むしろ「いいですか」「よろしいですか」と何かに対して人の注意を喚起するための表現です。

例 Look at the crowd!「ちょっとこの人だかりを見てよ」

We wouldn't have polluted water.

文法の得意な人であれば、思わず「オッ、wouldn't have+過去分詞」(あのときは…しなかっただろうに)などと考えてしまったかもしれません。しかし、ここでは後ろにand oil spillsとありますから、polluted water「汚染された水」とoil spills「流出した石油」はどちらともhaveの目的語。"wouldn't+原形動詞"で「(今ごろは)…でなかったろうに」という意味になります。

in the first place

「そもそも」を意味する慣用表現です。そのまま覚えておきましょう。他に、to begin withもよく使われます。

Try It Out!

WEEK 9

A 英文を聴いて、設問に答えましょう。

2-66

1   A.   B.
    C.   D.

2   A. Recyclable products
    B. Energy conserving products
    C. Water
    D. Environmental protection groups

3   A. Be more careful with them
    B. Raise more of them
    C. Treat them in the same way
    D. Ignore them

4   A. Some people need to help.
    B. No people need to help.
    C. All people have to help.
    D. Everything is all right as it is.

WEEK 9 Try It Out!

B CDを聴いて、空欄に1語ずつ単語を入れてください。

2-67

We, mankind, have a very long history of (**5**   ) (**6**   ). (**7**   ) pollution has probably been with us ever since we (**8**   ) fire. The (**9**   ) revolution was probably the (**10**   ) of serious (**11**   ) pollution. In the long history of the human race, it is only recently that we have become aware that the most important thing we've been (**12**   ) is our own bodies. We must now start to seriously (**13**   ) (**14**   ) all these problems.

WEEK 10 BUSINESS

DAY 28 ビジネスの授業はどうですか

シャドウイング訓練で速い英語はもう恐くない！ LISTENINGの基礎演習
Shadowing ①

今週は通訳の訓練で欠かすことのできない「シャドウイング」に挑戦します。シャドウイングとは、耳で聞いた英文をできる限り同時に、かつ同じように自分の口で繰り返す練習方法で、これにより聞くときの集中力を高め、スピードに慣れることを目的とします。ここではトラック70の「ゆっくり」と「やや速い」スピードの会話を使って練習します。

1 1回めは英文はかなりゆっくりと話され、かつポーズも長めにとってありますから、慣れるまで繰り返し練習しましょう。
では始めましょう。

CD 2-70

ゆっくりでも、初めての方には楽ではないでしょう。くれぐれも無理をせずに、とにかくこのスピードに慣れるまで続けてください。

2 さあ、2回めです。さきほどよりちょっと速くなります。一度やってみてむずかしければ、もう少し1回めを繰り返してください。

さあ、どうでしょうか。2回めをやってみた方はここでもう一度1回めをやってみることをお勧めします。さきほどやってみたときよりずいぶん楽に感じるのではないでしょうか。

Woman: **How do you like** your business course, Robert?

Man: It's great. I never knew that there were so many ways to **make money** merely on paper! Look at the stock market. You can get rich just by buying and selling the right stocks at the right time. It's the same with the commodities market. Then there are international currencies markets! There are so many ways to make money!

Woman: You know what? I'm going to **sign up for** the course next semester.

Vocabulary

- **merely**
  単に
- **stock**
  株式、株
- **market**
  市場
- **commodities**
  商品（通常複数形）
- **currency**
  通貨、貨幣
- **semester**
  （2学期制の）学期⇒アメリカの大学では通年ではなく、学期ごとに1つの授業が完結する

WEEK 10
BUSINESS ……………… DAY 28

女性： ビジネスの授業はどう、ロバート。

男性： 最高だよ。単に紙の上で**金をもうける**方法があんなにたくさんあるなんて知らなかった。株式市場を見てみなよ。適切な株をちょうど良いときに売買するだけで金持ちになれるんだ。商品取引市場も同じだよ。それに国際通貨市場もあるし。金もうけの方法はたくさんあるんだ。

女性： ねえ。私、来学期にその授業を**履修する**わ。

●●●●●●●●●●●●●●●●●●●●●●

学校では習わない生の英語

★**You know what?**
話を切り出したり、相手の注意を引くときによく用いられます。「あのね」くらいの意味です。

★**sign up for...**
「登録する」という意味の口語表現。registerでも同じ意味ですが、こちらは少々堅苦しい言い方です。

CDを聴いて、設問に答えましょう。

Question 1

A.

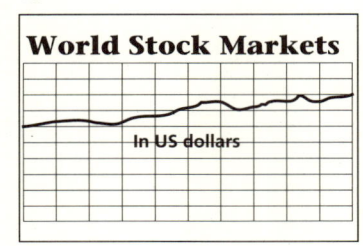

World Stock Markets
In US dollars

B.

C.

Contract

D.

Business 101
200X

Date	Syllabus
March 7	Principles of Economics
March 10	Business Math

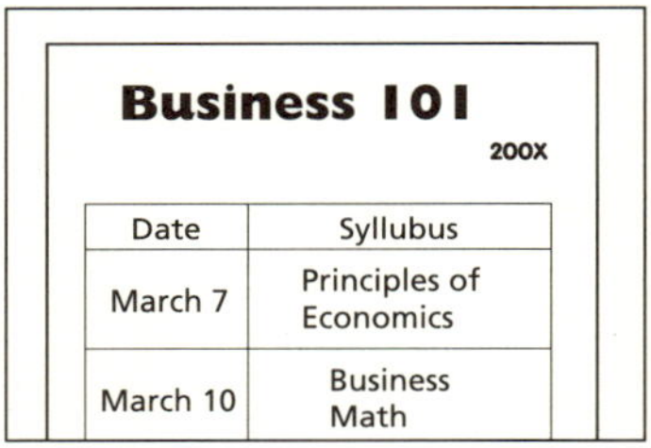

Question 2

A. All the time
B. Sometimes
C. None of the time
D. At the right time

Question 3

A. She needs more classes.
B. Robert told her to.
C. She is not interested in the course.
D. She is interested in the course.

WEEK 10 BUSINESS — DAY 28

ヒントと解答

Question 1 B

Which picture shows currency?

「貨幣を表しているのはどのイラストですか」

> currency は「貨幣」。A は株式の動向を表すチャート（chart）、C は契約書（contract）、D は大学の授業のシラバス（syllubus）を表している。なお、D の表にある 101 は大学で 1 年次に取る最も基礎的なクラスの名称。

Question 2 D

When do you need to buy and sell stocks in order to make money?

「お金をもうけるにはいつ株を売り買いする必要がありますか」

A. いつも
B. 時々
C. いつでもない
D. 適切なときに

> "You can get rich … at the right time." と言っている。

Question 3 D

Why will the woman sign up for the course next semester?

「女性はなぜ来期にそのコースを受講しようと思っているのですか」

A. もっとクラスを受講する必要があるから。
B. ロバートに言われたから。
C. そのコースに興味がないから。
D. そのコースに興味があるから。

> 「なぜ履修登録するのか」についての直接の理由が述べられていないが、友人のロバートの話を聞いて関心を持ったということがうかがえる。ロバートはコースの良さを話しただけで、受講することを勧めてはいない。

やりなおし英語
ワンポイントレッスン

How do you like...?

「…はどうですか」と軽く感想を尋ねるときの表現です。感想を求める質問というと What do you think of...? と尋ねてしまう人を見かけますが、これは相手の意見を尋ねるときの表現。極端な言い方をすれば、その答えに対して "Why?" という質問が続く可能性のある質問であり、ある程度の責任を持った答えを要求するものともいえるでしょう。あくまでも好き嫌いを尋ねる程度の質問であれば、How do you like...? を使ってください。

make money

決まり文句です。「金をもうける」とか「金を稼ぐ」というと、むずかしい動詞を考えようとしてしまう人もいるでしょう。動詞 make は相当に活用範囲が広く、いろいろな名詞と相性の良い単語です。"make+名詞" の表現を何かで見かけたら、メモを取っておくことをお勧めします。いろいろな表現を覚えられるばかりではなく、make の持つニュアンスが実感として理解できるようになるでしょう。

WEEK 10 BUSINESS

DAY 29

為替レートとは…

シャドウイング訓練で速い英語はもう恐くない！

LISTENINGの基礎演習
Shadowing ②

今回は英文のスピードを3段階にし、自然なスピードの英語のシャドウイングにまで挑戦してみましょう。前回同様、決して先を焦らず、ゆっくりめの英語に十分に慣れてから次に進むようにしましょう。ここではトラック74の3種類のスピードで練習します。

1 では、まず1回め。ゆっくりのスピードから始めます。

CD 2-74

2 前回よりは慣れてきたでしょうか。では、少しスピードを上げてみましょう。

3 では、いよいよ3回め。ノーマルスピードの英語です。一度やってみてむずかしければ、また2回めのスピードに戻ってもかまいません。

4 さあ、それでは締めくくりとして、1回め、2回め、3回めと続けて練習してみましょう。最初の2回がずいぶんゆっくりと感じられるようになっていればしめたものです。

An exchange rate is a ratio between two different currencies. And since this ratio **is based on** many factors, it changes. One factor that affects an exchange rate is trade balance. Another is a comparison of the two countries' debts. Then there are price ceilings or floors that are set by each government. **Now that you know this**, you should be able to understand why **exchange rates go up and down** so often.

Vocabulary

- **exchange**
  為替⇒「交換すること」が元の意味
- **ratio**
  比率、割合 [réiʃou]
- **be based on…**
  …に基づく
- **affect**
  影響を及ぼす
- **balance**
  収支⇒「均衡」が元の意味
- **debt**
  債務、負債 [det]
- **ceiling**
  天井

WEEK 10 BUSINESS — DAY 29

為替レートとは二国間通貨の比率のことです。そして、この比率は多くの要因によるものであるため、変動します。為替レートに影響を与える1つの要因は貿易収支です。また1つにはその二国の債務の比較があります。その次に両国政府によって定められた天井値と底値があります。**これを知れば**、なぜ**為替レートが頻繁に上がったり下がったりする**のかが理解できるでしょう。

★two different
このように表現すると、「2つの別個の」という意味を出すことができます。two different things「まったくの別物」もよく使われます。

CDを聴いて、設問に答えましょう。

Question 1

A.

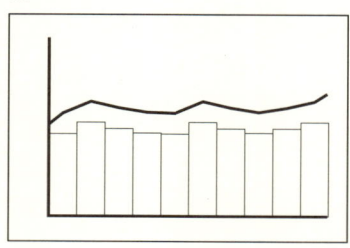

B.

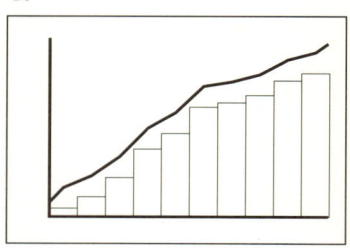

C.

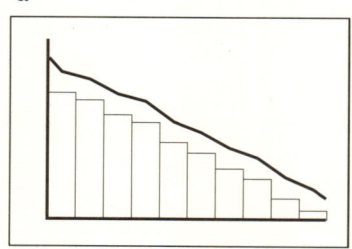

D.

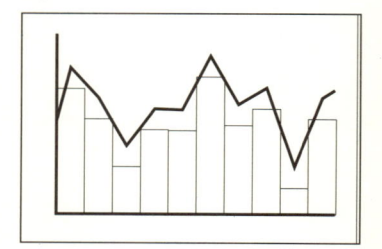

Question 2

A. One
B. Two
C. Three
D. Four

Question 3

A. Steady
B. Constant
C. Same
D. Changing

WEEK 10 BUSINESS — DAY 29

ヒントと解答

Question 1   D

Which graph shows the exchange rate going up and down?
「為替レートが上り下がりしているグラフはどれですか」

> **Hints** 明らかに上下している（going up and down）グラフはDしかない。

Question 2   C

According to the passage, how many factors affect the exchange rate?
「この文によると、為替レートを左右する要素はいくつありますか」

> **Hints** "One factor…"と始まり、"Another is…"、そして"Then…"「その次に」とつながる論理構成を理解したい。

Question 3   D

What word best describes exchange rates?
「為替レートについて最もよく表しているのはどの語ですか」

A. 安定している
B. 恒常的である
C. 同じである
D. 変化している

> **Hints** 設問文中のdescribeは「描写する、説明する、述べる」などの意味の動詞。go up and downから「変化する（changing）」を想起したい。また、本文中に"…based on many factors, it changes."とあることからもわかる。

やりなおし英語
ワンポイントレッスン

one, another

いくつかのことを取り上げて説明するとき、「まず1つめに」と切り出すときが "One…" であり、「さらに」と続けるときには "Another…" と続きます。取り上げるものがはじめから2つと決まっているときには、「もう1つは」という意味で "The other…" を用います。

each

「各々の」とか「それぞれの」という意味の形容詞です。後ろに続く名詞は単数形です。

× each persons
○ each person

now that

一見何でもなさそうな単語2つが並んでいるだけのようですが、実はしばしば that を伴って用いられる接続詞の now で、「…であるからには」、now の意味がやや強調されて「今や…であるから」という意味で使用されます。

例 Now that all her children have grown up, Mrs. Brown is leading an easy life.
「子どもたちがみんな成長したので、ブラウンさんはのんびりとした生活を送っています」

WEEK 10 BUSINESS

DAY 30 起業家の貢献は無視できません

シャドウイング訓練で速い英語はもう恐くない！
LISTENINGの基礎演習
Shadowing ③

シャドウイングの最終回です。ここではトラック76と78の英文を使って練習します。

1 今回は順序を変えて、まずノーマルスピードから挑戦してみましょう。

[CD 2-76]

どうでしょう。前回よりも慣れてきましたか。このくらいのスピードで慣れてしまえば、これより遅いスピードの英文はずいぶんと楽に感じられるはずです。

2 次はスピードを落としてやってみましょう。「ゆっくり」「やや速い」スピードの英文で練習します。

[CD 2-78]

今回でシャドウイングの練習は終了しますが、耳と頭と口を同時に働かせるこの練習で、リスニング力は必ず向上します。テキスト中の他のセクションの英文も大いに活用してシャドウイングの練習を続けてみましょう。

Entrepreneurs **have an important and valuable place** in the business world. Their new ideas are often the basis for large corporations. When entrepreneurs start new businesses, other businesses often have to drop prices. Or they have to offer more services for the same price. An entrepreneur is sometimes responsible for countries working together when he or she **acts as a go-between** on a deal involving hostile governments. As we study business this year, **let's never forget** the role of the entrepreneur. The entrepreneur's contribution to the business world should not be ignored!

Vocabulary

- **entrepreneur**
  起業家、企業家
- **valuable**
  貴重な、価値のある
- **corporation**
  企業、会社
- **responsible**
  責任がある
- **involve**
  巻き込む
- **hostile**
  敵対する
- **contribution**
  貢献

WEEK 10
BUSINESS　　　　　　DAY 30

起業家はビジネス世界において**重要でかつ価値のある地位を占めています**。彼らの新しい発想がしばしば大企業の礎となるのです。起業家たちが新しい事業を始めると、多くの場合、他の会社は価格を下げなければなりません。あるいは、同じ価格でより多くのサービスを提供しなくてはならなくなります。起業家は敵対する国々にかかわる取引の**仲介役を務める**際には、国同士が協力し合うことに責任を持つ場合もあります。今年はビジネスを学んでいるわけですから、起業家の**役割は忘れないようにしておきましょう**。ビジネスの世界に対する起業家の貢献を無視すべきではありません。

学校では習わない生の英語

- **★ have a place**
  「位置を占める」。本文のように place の前に形容詞をつけて使います。
- **★ businesses**
  business は「企業」「会社」の意味では数えられる名詞なので、複数形になります。
- **★ go-between**
  「媒介者」。2 者の間を行き来することから。「仲人」の意味でも使われます。

CDを聴いて、設問に答えましょう。

Question 1

A.

B.

C.

D.

Question 2

A. Small corporations

B. New businesses

C. Dropping prices

D. Countries working together

Question 3

A. They are bad for it.

B. They are good for it.

C. They don't affect it.

D. The passage doesn't say.

WEEK 10 BUSINESS — DAY 30

ヒントと解答

Question 1　C

Who is giving this talk?

「だれが話をしているのですか」

> **Hints** 本文後半部、"As we study business this year…" から、授業風景を思い浮かべたい。同様に多くの人を相手に話をしていても、A は政治家なので不可。

Question 2　A

According to the speaker, what aren't entrepreneurs responsible for?

「話し手によると、起業家の責任にならないことは何ですか」

A. 中小企業
B. 新設会社
C. 下落する価格
D. 協力し合う国々

> **Hints** entrepreneur との関連において挙げられていないものを選べばよい。設問の aren't を聞き逃さないようにしたい。

Question 3　B

How do entrepreneurs affect business?

「起業家はどのようにビジネスに影響を与えていますか」

A. ビジネスにはよくない。
B. ビジネスにとってよい。
C. 影響はない。
D. そのことについては述べられていない。

> **Hints** 直接的には述べられていないが、important and valuable であれば、良い影響と考えられる。

やりなおし英語 ワンポイントレッスン

for

for にはいくつかの基本的意味がありますが、そのうちの1つが「交換」です。つまり、for の前に来ている語句と for の目的語が交換されることを意味します。本文では more services と the same price が交換されることになるわけです。I bought it for 10 dollars.「それを 10 ドルで買いました」などの文が典型的な例です。

as

本文中のような接続詞としての使い方では「…するにつれて」「…なので」、when の意味では「…するとき」、while の意味では「…するうちに」などとなりますが、意味の境界線は必ずしも明確ではありません。また、as の意味と用法は非常に多岐にわたっていますので、必ず辞書で確認してください。

let's never...

let's は「…しましょう」の意味ですね。しかし、意外と忘れられがちなのが、「…しないようにしましょう」という否定の使い方です。let's not... や let's never... というように言います。

> **例** Let's never overlook any misspelling when we write an official letter.
> 「公式な手紙を書くときには、どんなつづりの間違いも見落とさないようにしましょう」

WEEK 10

A 英文を聴いて、設問に答えましょう。

1

A. 2–10%
B. 5–10%
C. 5–20%
D. 10–20%

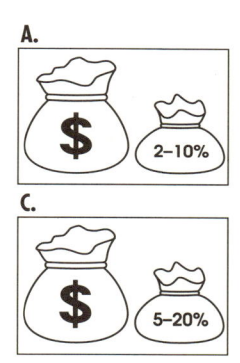

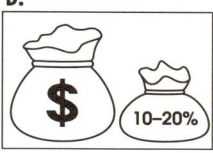

2
A. Trinational
B. Binational
C. International
D. National

3
A. Money transfers
B. Conversion rates
C. Bankcards
D. Checks

4
A. He has too much money.
B. He has no money.
C. He doesn't like any of the ways to transfer money.
D. He can't find his money.

WEEK 10 Try It Out!

B CD を聴いて、空欄に 1 語ずつ単語を入れてください。

2-81

A: What kind of (**5**　　) are you planning to (**6**　　) this year?

B: Oh, I've just (**7**　　) up for the course in business. I hear that we can learn (**8**　　) to get (**9**　　).

A: It's good to know that. I was wondering what course I should take. I think I'm going to (**10**　　) it up.

Try It Out! 解答と解説

Week 1　33〜34ページ

A

1. Which man is standing in the wind?（風の中に立っている男性はどれですか）
    D　in the wind は「風の中で（に）」の意味なので、D が正解。
2. When was Hurricane Anthony 250 miles from Texas?（ハリケーンアンソニーがいつテキサスから 250 マイルのところにいましたか）
    A　Yesterday at this time の部分を聞き取れたかがポイント。
3. Why is Hurricane Anthony a strange storm?（なぜハリケーンアンソニーは変わっているのですか）
    C　…strangely enough…の後に changed directions and increased speed と言っている。
4. How fast is Anthony moving toward Florida?（アンソニーはどのくらいの速さでフロリダに向かっていますか）
    C　本文では 50 miles per hour と言っている。per hour と an hour は同じ意味。
5. Where is this information coming from?（この情報はどこからきているのですか）
    C　stay tuned（ダイヤルはそのままで）という表現からラジオ番組であることがわかる。

Transcript

The gulf coast is still on a hurricane alert due to Hurricane Anthony. Yesterday at this time the storm was 250 miles south of Texas. It was moving northeast at about 45 miles an hour. Anthony had basically stopped by midnight. However, strangely enough, approximately two hours ago Anthony changed directions and increased speed. It's now moving toward Florida at 50 miles per hour. Stay tuned for further information.

メキシコ湾沿岸には、ハリケーンアンソニーの影響でハリケーン警報が出ております。昨日のこの時刻にはハリケーンはテキサスの南250マイルのところに位置しておりました。1時間に約45マイルのスピードで北東に進路をとっていました。そして夜12時までにはほぼ停止しました。しかし、奇妙なことに2時間ほど前にアンソニーは向きとスピードを変えました。現在はフロリダの方向に時速50マイルで進んでいます。さらにくわしい情報をお伝えしますのでチャンネルはこのままで。

B

6　The weather has been terrible. And due to this bad weather, the traffic is moving very slowly.（天候は荒れています。そしてこの悪天候のために、車の流れは非常にゆっくりとなっています）
Question: Why is the traffic moving so slowly?（車の流れが遅いのはなぜですか）

　C　原因と結果を聞き間違えないようにしよう。due to とbecause of は同じ意味。

7　Mat:　　Now for a live weather update from Phil Gates. Phil, what's the situation?（それではフィル・ゲイツが現在のお天気の状況をお知らせします。フィル、そちらの状況はどうですか）

　Phil:　　Mat, I'm in the mountains. The weather has been terrible since this morning.（マット、私は今、山あいにいます。天気は今朝から大荒れです）

　Mat:　　It does appear to be bad there.（そちらはほんとうにひどい天気のようですね）

Question: Where is this conversation taking place?（この会話はどこで行われていますか）

　B　「いつ」ではなく、「どこ」での会話かというのが質問。また、It does appear to be bad…とスタジオにいる人が言っているので、ラジオではなくテレビでのやり取りであることがわかる。

8 Texas is one of the southern states and is the largest of all the states.（テキサスは南部の州で、すべての州の中で最も大きな州です）

Question: Where is Texas?（テキサスはどこにありますか）

A Where が聞き取れるかどうかがポイント。D は in がなければ正解となる。

9 The temperature is now 20 degrees Fahrenheit.（現在気温は華氏20度です）

Question: How does it feel now?（今、どのような感じですか）

D 華氏20度は氷点下（マイナス6.7℃）であるから、かなり寒いということになる。32°F が氷点であることは覚えておきたい。

10 The cars are moving at about 15 miles an hour due to strong winds.（強風のため、車は時速約15マイルで進んでいます）

Question: How fast are the cars moving?（車の流れはどうですか）

A 時速15マイルは遅いスピードである。50と15を聞き違えないように注意する。1マイルは1.6キロであることを覚えておきたい。

Week 2　53〜54ページ

A

1. Which is not mentioned in the passage?（次のうち述べられていないものはどれですか）
   - **B**　cardholders や card members という単語があって credit card のことと間違えやすい。本文では、ThoroughPass Card, Hotel, Rent-A-Car のことは言及されているので、B を選ぶ。

2. For what is free flight mileage awarded?（無料マイレージは何に対して与えられますか）
   - **A**　「何に対して？」と聞いている。B と C は free flight mileage award とは何かを説明しようとしているにすぎず、見当はずれ。VIP (very important person) はラウンジが利用できるという説明に出てきただけなので、D も不正解。

3. For what is 5,000 miles given?（5,000 マイルは何に対して与えられますか）
   - **A**　5,000 miles are awarded just for signing up for our service! とある。つまり、サラパスサービスに加入するということである。

4. What kind of lounges can card members use?（カード会員はどのようなラウンジを利用することができますか）
   - **B**　VIP lounges と言っている。日本語のように [vip] とは言わず、[víːàipíː] と発音する。

5. Why can ThoroughPass members check in faster than non-members?（なぜサラパスのメンバーはメンバーでない人たちより早くチェックインができるのですか）
   - **A**　speedy check-in はサービスの一環である。通常、メンバーはエコノミークラスの航空券を持っていても、空いているファーストクラスやビジネスクラスのカウンターでチェックインすることができるので、speedy check-in と呼ばれている。

Transcript

We are happy to introduce our customers to our ThoroughPass service. Free flight mileage is awarded for any tickets that are purchased by card members. And, 5,000 miles are awarded just for signing up for our service! More mileage is awarded for hotel stays and car rentals. Cardholders may also use our speedy check-in program. Members are welcome in our VIP lounges worldwide. And there's much more. Why wait?

本日、当機ご利用の皆様にサラパスサービスのご案内を申し上げます。このメンバーズカードをお持ちのお客様が航空券をお求めになりますと、無料マイレージの特典を差し上げております。また、このたび新たにご加入された方にはもれなく 5,000 マイルのボーナス点を差し上げております。ホテルに滞在されたり、レンタカーをご利用になりますと、さらにボーナスマイレージが加算されます。また、このカードをお持ちのお客様は、空港カウンターにて、より迅速にチェックインすることが可能となります。世界各地にございます VIP ラウンジもご利用いただけますほか、さらに様々な特典を取り揃えてございます。どうぞ、この機会をお見逃しなく、お申し込みいただきますよう、お願い申し上げます。

B

6　Airwaves Flight 614 to Boston departs from Gate 40.（エアウェーブズ614便ボストン行きは40番ゲートから出発します）

　　C　forty と fourteen を聞き分ける際、fourteen の -teen に強勢が置かれることが多いということのほかに、-teen のほうが -ty よりやや長めに発音されることも大切なポイントとして覚えておきたい。

7　OK, I will meet you in the baggage claim area at ten past four.（では、手荷物受け取り所で4時10分すぎに会いましょう）

　　B　ten past four は ten after four と同じ意味。3:50 は ten to four となる。

8 This Wedgwood dish is 90 dollars, 19 dollars more expensive than that teacup of the same brand.（このウエッジウッドの皿は90ドルで、同じブランドのティーカップより19ドル高い）

 B 同じブランド（the same brand）の陶磁器の値段を比較しているので、Aは除外される。90ドルの皿はティーカップより19ドル安い、とこのセンテンスは言っているからBとなる。ちなみにWedgwoodは英国の一流ブランドである。

9 The arrival time has been changed from 10:15 to 10:50.（到着時刻は10時15分から10時50分に変更になりました）

 A まずfrom...to〜から、左側が...で右側が〜の部分の時刻となる。fortyとfourteenの聞き分けと同様に、fifteenの-teenに強勢が置かれることが多い。

10 If you'd like to purchase a ticket, call 1-800-378-9050 [nine ou five ou].（切符を購入したいのであれば、1-800-378-9050までお電話ください）

 B 電話番号の下4桁 "9050" は「ナイノゥファイヴオゥ」のようにつながって発音されているので注意。ちなみに、アメリカでかける1-800番は、日本でいう0120番、つまり無料通話（toll-free number）のことである。

Week 3　73〜74ページ

A

1　In which picture is the man bowling the ball?（ボウリングのボウルを投げている男性が描かれているのはどの絵ですか）
　　B　bowling という動作そのものをしている（ちょうど投球をしている）絵を選ぶ。

2　What is worth 10 points and the next bowl?（10点とその次の投球得点をもらえるのは何ですか）
　　B　本文に When you get a spare, you get 10 points plus the total of the next bowl. とある。worth は「…に値する」の意味。

3　What does an open frame score?（オープンフレームの得点はいくつですか）
　　D　本文に An open frame scores only the pins you knock down. とある。

4　What is the easiest game to score, according to the passage?（この文によると、スコアをつけるのが最も簡単なのは何ですか）
　　B　本文に The easiest game to score is 12 strikes in a row. とある。D の 300 scores は 300 点という意味ではない。score は得点（points）の総計という意味だから 300 points で a perfect score となる。

5　Why is it confusing when a strike follows a strike or a spare?（ストライクの後にストライクやスペアがくるとなぜ複雑なのですか）
　　C　このような状況では何度か足し算をしなくてはならないことが混乱の原因として述べられている。B を選びたくなるが、ここではボウリングのスコアをつけるのはむずかしくないことを述べているので、impossible は選択できない。

Transcript

The scoring in bowling seems impossible, but it's really not. If you get a strike, that's 10 points and the total of the next two bowls. When you get a spare, you get 10 points plus the total of the next bowl. An open frame scores only the pins you knock down. What is confusing is when a strike follows a strike or a spare. Or, vice versa. To score these situations correctly, remember how many bowls in a row should be added up. The easiest game to score is 12 strikes in a row; that's a perfect 300!

ボウリングのスコアをつけるのは一見とてもむずかしそうですが、実はそうでもありません。ストライクを1つとると、10得点のほか、その次の2回分の得点を加算します。スペアを1つとると、10得点のほか、その次の1回分の得点を追加します。(ストライクやスペアを取れなかった)オープンフレームは、倒したピンの数だけが得点となります。複雑なのは、ストライクがストライクやスペアの次にきたり、その逆のパターンになったりするときでしょう。こういった状況を正確に点数化していくために、1つのマス目に何回分の投球を加算するのかを思い出しましょう。スコアをつけるのに最も簡単なのは12回連続でストライクがくる場合、つまり300点のパーフェクトゲームということになります。

B

6	Different	[leak, lick]と発音した。
7	Different	[is, ease]と発音した。
8	Different	[bowl, ball]と発音した。
9	Different	[tell, tale]と発音した。
10	Same	[ball, ball]と発音した。
11	Same	[fur, fur]と発音した。
12	Different	[mud, mad]と発音した。
13	Different	[fur, far]と発音した。
14	Same	[leak, leak]と発音した。
15	Same	[tale, tale]と発音した。

Week 4

93～94ページ

A

1. In which picture are the blossoms falling?（花が散っているのはどのイラストですか）

    A 今、花びらが舞い落ちているところを表した絵を選ぶ。

2. Who can get together on holiday picnics?（休日のピクニックにはだれが集まることができますか）

    B "Who...?" と聞かれているので、AとDが違うことはすぐわかる。Cのプロの料理人がするのは delicious food を準備すること。

3. Who is it nice to talk to?（話をして楽しい相手はだれですか）

    D 本文で it's nice to simply talk to grandparents と言っている。

4. Why does the author recommend playing games?（筆者はなぜゲームをすることを勧めているのですか）

    C 食べ物やゲームはあくまで手段であって、ピクニックの目的は家族が集まって一緒に楽しむということである。

5. Why does the author like picnics?（筆者はなぜピクニックが好きなのですか）

    C ここでの主題は、どうしたら家族が集まって楽しめるかであり、そのためにピクニックを提案していることを聞き取る。AやBはこの主題の下にくる小テーマであり、またピクニックに限ったものでもない。

Transcript

Holiday picnics are a great way to get the whole family together. A perfect example of this is during *Ohanami*. What's nicer than sitting under a tree while blossoms fall around you? Then there's sharing your favorite tea or sake with others. You can eat the delicious food the cooks have prepared. Games are a friendly way to compete with cousins, brothers or sisters. Or, it's nice to simply talk to grandparents whom you haven't seen in a long while. All in all, a family picnic offers something for everyone.

休日のピクニックというのは、家族全員が一緒に時を過ごすための良い方法です。その最も良い例が、お花見のシーズンです。花びらがひらひらと散る中を、木の下にみんなで座る、これ以上の喜びがあるでしょうか。それから、好きなお茶やお酒をみんなで持ちよって回したり、プロの料理人の作ったおいしい料理を食べたり。いとこや兄弟姉妹とゲームをするのも仲良くなる方法です。あるいは、長い間会っていなかった祖父母と話をするだけでもよいものです。家族でピクニックに行けばみんなにとって何か得ることがあるでしょう。

B

6. Is it good to spend time with your children in front of a TV?（テレビの前で子どもと過ごすのは良いことですか）
   D
7. Is a kangaroo four-legged?（カンガルーは4本足ですか）
   B
8. Did she set her sights on winning the race?（彼女はレースに勝つために努力しましたか）
   D
9. Did she sell a car or a truck?（彼女は車を売ったのですか、トラックを売ったのですか）
   D
10. I usually sit him down and explain.（私はふつう彼を座らせて説明します）
    C

Week 5　113〜114ページ

A

1. Which one is the Thanksgiving meal?（感謝祭の食事はどれですか）
   C 七面鳥を中心とした感謝祭の食事の絵を選ぶ。
2. What is the turkey filled with?（七面鳥に詰められるものは何ですか）
   A 七面鳥に詰めるものは何か、というのが設問。本文でturkey filled with stuffing と言っている。
3. What kind of gravy is suggested?（どのようなグレイビーがいいと言っていますか）
   D gravy（この場合マッシュポテトにかけるソース）はどのような種類のものがいいか、と尋ねている。本文でturkey gravy と言っていることを思い出す。
4. What kind of dessert is suggested?（どのようなデザートがいいと言っていますか）
   C select pumpkin or pecan pie—or both という最後のフレーズを思い出す。
5. What does the passage say about ham?（ハムについてはどう言っていますか）
   D ハムは七面鳥の代わりにはなるが、the second choice だと言っているのでD（七面鳥ほどではない、という答え）を選ぶ。

Transcript

Allow me to show you the traditional Thanksgiving meal. The centerpiece is a basted turkey filled with stuffing. Ham can be used, too, but it is definitely the second choice. Mashed potatoes with turkey gravy are another standard. Don't forget baked sweet potatoes as well. Cranberry sauce is a mandatory item for any Thanksgiving meal. For dessert, select pumpkin or pecan pie—or both!

感謝祭のときに出す伝統的な食事を紹介させてください。主役は詰め物をした七面鳥の丸焼きです。ハムでもいいのですが、それはあくまで代用にすぎません。ターキーグレイビーをかけたマッシュポテトもなくてはならないものの1つです。焼いたスイートポテトも忘れてはなりません。クランベリーソースも感謝祭の食卓には欠かせません。デザートにはかぼちゃまたはピーカンのパイ、あるいはその両方を用意するといいでしょう。

B

6 Woman: Do you know how to make tofu?（豆腐の作り方を知っていますか）
Man: No, I don't, but my uncle does.（私は知りませんが、叔父は知っています）
Question: Who knows how to make tofu?（豆腐の作り方を知っているのはだれですか）

D 会話の my uncle does は my uncle knows how to make tofu という意味なので、D を選ぶ。

7 Woman: Why isn't chicken as healthy as tofu?（とり肉はなぜ豆腐ほど健康的ではないのですか）
Man: I didn't say it isn't. It depends on how it's cooked.（そうは言っていません。調理法によります）
Question: What does the man think about chicken?（男性はとり肉についてどう思っていますか）

A It depends on how it's cooked ということは、豆腐と同様に健康に良い食材になり得るということ、すなわちAを示唆している。その他のことは、述べられていないだけでなく、示唆されてもいない。

8 Woman: Why don't you use this bigger knife to cut the meat?（肉を切るのにこの大きめな包丁を使ったらどうですか）
Man: Why didn't I think of that?（なぜそれに気づかなかったんだろう）
Question: What does the man mean?（男性はどういう意味で言っているのですか）

C 女性の Why don't you...? は、あるアイデアを提案するときに用いる表現。男性の Why didn't I think of that? は、文字どおりには「私、なぜそれに気づかなかったのかな」だが、それがいいアイデアだと思ったから述べたものなので、その提案を受け入れたいという賛意を示す表現である。

9 Woman: What does meatloaf consist of?(ミートローフは何でできていますか)

Man: It consists of ground beef, bread crumbs, some vegetables, and lots of spices.(牛のひき肉、パン粉、野菜、そして多くのスパイスです)

Question: What is not one of the ingredients?(材料として含まれていないのはどれですか)

C 女性が男性から聞き出したのは meatloaf という食品ではなく、その中身すなわち材料であり、この問題は meatloaf の食材ではないものは何かと尋ねている。

10 Woman: How do you usually cook your eggs?(卵はいつもどのように料理しますか)

Man: I usually fry them. But sometimes I like them scrambled or poached. I seldom eat boiled eggs.(いつもは目玉焼きにします。でも時々スクランブルエッグやポーチトエッグにします。ゆで卵はほとんど食べません)

Question: Which type of egg does this man rarely eat?(男性がほとんど食べないのはどんな卵料理ですか)

B rarely eat というのが質問なので、男性がほとんど食べない卵の調理法である boiled eggs を選ぶ。

Week 6

133～134ページ

A

1. Which picture shows the baby's correct weight?（赤ん坊の体重を正しく表示しているのはどのイラストですか）
   - **D** 本文に it's a healthy eight-pound, six-ounce boy とある。
2. How is the mother?（母親の状態はどうですか）
   - **D** BやCも部分的には正しいが、本文に She's happy and she's resting. とあるので、最も適切なものはDということになる。
3. When can the man see his baby?（男性が赤ん坊に会えるのはいつですか）
   - **D** Right now. と明確に答えている。
4. Who's in the nursery?（育児室にいるのはだれですか）
   - **C** nursery すなわち育児室には赤ちゃんがいる。本文の会話が、父親が赤ちゃんを育児室に見に行こうとしているシーンのものであることをつかむこと。
5. Who is asked to wear a hospital gown?（だれが病室用ガウンを着るように言われますか）
   - **D** だれが病室用ガウンを着るように言われるのか、というのが質問。ガウンを着て赤ちゃんと対面するのは父親、つまり Mr. Sterling である。

Transcript

Doctor: Mr. Sterling, it's a healthy eight-pound, six-ounce boy.

Mr. Sterling: That's wonderful! How's Milly?

Doctor: She's happy and she's resting.

Mr. Sterling: Thank goodness for that. When can I see the baby?

Doctor: Right now. If you will follow Nurse Henson, she'll get you a hospital gown. After that, she'll take you into the nursery.

医者：	スターリングさん、8ポンド6オンスの元気な赤ちゃんが生まれましたよ。
スターリングさん：	それはよかった。ミリーの具合はどうですか。
医者：	とても喜んで、今休んでいます。
スターリングさん：	いやあ、それは良かった。安心しました。子供にはいつ会えるのでしょうか。
医者：	今すぐどうぞ。ヘンソン看護婦について行ってくだされば、病室用ガウンを貸してくれます。それを着たら育児室に入れてもらえますよ。

B

6 Why did you become addicted to smoking?（なぜタバコ中毒になったのですか）
   addicted, to

7 It seems possible for me to cure the patient.（私にはその患者を治せると思う）
   for, cure

8 I feel relieved to hear from my grandma who I haven't seen for years.（長年会っていなかった祖母から連絡があり、ほっとしている）
   relieved, for

9 Where can I wear this jacket?（このジャケットをどこで着ることができますか）
   can, wear

10 The earthquake was depressing and the victims were all depressed.（その地震は人々を落胆させ、犠牲となった人たちはみな落胆した）
   depressing, depressed

11 Living with problems isn't a good choice for us.（問題を抱えながら生きていくことは、私たちにとって良い選択ではない）
   Living, problems

12. Step on it; I'm in a hurry. (もっとスピード出して！急いでいるんだから)
    on, it
13. What am I doing? (私は何をしているんだろう)
    What, I
14. So you think of it as unimportant, don't you? (それでは、あなたはそれを重要でないと思っているのですね)
    it, unimportant
15. This revised story isn't as interesting as the original draft. (書き直されたこの話は元の原稿ほどおもしろくはない)
    as, interesting

Week 7

153〜154ページ

A

1 Which is the correct order of actions according to the passage?（文の内容に合った正しい行動の順番はどれですか）

　　D 会社設立への過程が、社則（corporate rules）、理事（corporate directors）、株の発行（issuing stocks）の順番で述べられている。

2 How many people want to form a corporation?（何人の人が会社を設立したいと思っていますか）

　　B You've both made the proper decision.と言っているので、ふたりの意思であると考えるのが妥当である。

3 What must be decided about issuing stock?（株の発行について何を決めなくてはなりませんか）

　　B 株を発行する際に決めておかなくてはならないのは、decide which type is best（どのタイプのものが最適か）、ということであると述べられている。

4 What was decided before this meeting?（このミーティングの前に何が決定されましたか）

　　A 「この会話が行われる以前に決まっていたことは何か」という質問。You've both made...と完了形であることがポイント。すでに会社を設立すること自体を決めていたことになる。

5 What should the corporation decide to buy?（この会社は何を買うことを決めなくてはなりませんか）

　　C decide which of your personal assets the corporation will buyと言っている。

> **Transcript**

You've both made the proper decision. You should form a corporation. First we will need to write the corporate rules. We must also choose corporate directors. Then we must issue stock after we decide which type is best. Also, how much of the final stock will be sold? It would also be wise to decide which of your personal assets the corporation will buy. As you can see, there is a lot to be done.

おふたりとも適切な判断をされました。会社を設立すべきだと思います。まず、社則を作成しなくてはなりません。理事の選定も必要となります。それから、どのタイプのものが最適かを決めた後に株を発行します。また、最終的に発行する株のうちどの程度を（株式市場に）売り出すかという問題もあります。それから皆さんの個人資産を会社にどのくらい買わせるかというのを決めておくのも賢明かと思います。このように、やっておくことはかなりあるものです。

B

6　Did you decide to take that job offer?（その仕事に就くことにしましたか）

7　Shirley never keeps a secret.（シャーリーはまったく秘密を守らない）

8　Are you going to leave your hometown to live here?（ふるさとを離れてここに住むつもりですか）

9　Do you know what you are doing?（自分が何をしているのかわかっていますか）

10　His salary isn't as high as hers.（彼の給料は彼女のほど高くはない）

11　Their domestic sales should continue to rise more rapidly than ours.（彼らの会社の国内販売額は当社より速いペースで増加し続けるはずだ）

12	**Are there enough chairs for 14 students here?**（椅子は学生14人分ありますか）
13	**That makes me feel better.**（それで気分がよくなる）
14	**What embarrasses me most is the way you eat.**（私が最もはずかしくなるのはあなたの食べ方です）
15	**I've never seen you smile in our office.**（会社であなたがニコリとするのを見たことがない）

Week 8　173～174ページ

A

1. Which picture shows the conversation of the passage?（この会話の場面を表しているのはどのイラストですか）
   D 日本人は「何がいけないのかわからない」と言いながらも、「怒らせたことは謝る」と述べている。
2. What is the American upset about?（アメリカ人は何に怒っているのですか）
   B You never answer my questions directly. から判断したい。
3. What does the Japanese apologize for?（日本人は何に対して謝っているのですか）
   A I apologize for upsetting you…「怒らせたことは謝る」と述べられている。
4. Why does the American woman ask if her friend is Japanese?（アメリカ人の女性はなぜ相手が日本人かどうかを尋ねているのですか）
   C アメリカ人がはっきりとした返事を望んでいる状況での会話である。
5. In comparison to Americans, how are Japanese described in this conversation?（この会話では、アメリカ人に比べて日本人はどんな性格だと言われていますか）
   D We Japanese aren't as direct as you Americans. とある。

Transcript

A: You're really hard to talk to, do you know that?
B: Why are you so upset? I don't understand the problem!
A: You never answer my questions directly. Why is that?
B: It's not that I don't want…maybe, I…
A: See, you're doing it again!
B: I apologize for upsetting you, but we Japanese just aren't as direct as you Americans are.
A: Let's try this. Are you Japanese? Yes or no?
A: あなたは本当に話しにくい人ね、わかってるの？
B: なんでそんなに怒っているの？何がいけないのかわからないよ。
A: 絶対に私の質問にはっきりと答えないじゃないの。なんでなの？
B: それは、だってあんまり…多分、僕は…。
A: ほら、またじゃない。
B: 君を怒らせたことは謝るけれど、でも僕たち日本人は君たちアメリカ人ほどはっきりと物を言わないんだよ。
A: じゃあ、これはどう。あなたは日本人なの？イエスなの？それともノーなの？

B

6. The first section features the story about Tokyo.（1つめのセクションでは東京についての話が取り上げられています）
   - **B** feature と future を聞き違えないよう注意する。

7. Another nation that reached Japan after the Dutch was Russia.（オランダの次に日本に接触してきた国の1つはロシアでした）
   - **B** another は「もう1つの」という意味。「諸外国」なら other が使われる。

8. Take your coat off and hang it in the closet.（コートを脱いでクローゼットに掛けてください）
   - **B** take…off で「…を脱ぐ」という意味。

9. No one can strike the bell, since it's for special occasions only.（鐘は特別な場合だけのものですので、打ってはいけません）
   - **B** ここでの since は「…以来」ではなく「…だから」という意味で使われている。

10. Is that classical music?（それはクラシック音楽ですか）
    - **B** classical が使われている。「一流な」は classic。「クラシック音楽」は classic music ではなく classical music となることに気をつける。

Week 9

193〜194ページ

A

1. Which picture shows the volunteers cleaning up the water?（川のそうじをしているボランティアが描かれているイラストはどれですか）

    C 設問文中のcleaning up the waterからメドを立てる。AとDはwaterに関係しているがclean upはしていない。Bはclean upしているが、waterではない。

2. According to the passage, what should we use less of?（この文によると、私たちが使う量を減らさなくてはならないものは何ですか）

    C use lessがキーワード。「何の使用を減らすべきか」が設問の意味。

3. What should we do with the plants and animals on our planet?（地球の植物や動物に対しては、どのようなことをしなくてはなりませんか）

    A What should we do with...?「…はどうするべきか」が設問の意味。be careful ofは「…に注意する」。withを使うことによって「大切に扱う」というニュアンスが出てくる。

4. What is the speaker's message?（話し手の言いたいことは何ですか）

    C We all can...と二度繰り返し、最後には、We all must...と締めくくっている。「我々みんなが…しなければいけない」が大切な部分。

Transcript

We all can help save the Earth. We can buy recyclable and energy conserving products. We all can use less water, too. We could be more careful with the plants and animals on our planet. These measures are only the beginning. We can volunteer for cleanup programs. We could join environmental protection groups. We all must do something to help; the time for selfishness is gone!

私たちはみんな地球を救うことができます。再利用可能なものや省エネ製品を買えるのです。みんな節水することだってできます。地球上の動植物をもっと大切に扱うことができるでしょう。これらの方法はほんの第一歩です。清掃プログラムに自分から参加できます。環境保護団体に入ることができます。我々はみんなが何かしら役に立つことをしなければいけない、自分勝手ですむ時代は終わったのです。

B

5 environmental
6 pollution
7 Air
8 discovered
9 industrial
10 beginning
11 water
12 polluting
13 deal
14 with

> **Transcript**

We, mankind, have a very long history of environmental pollution. Air pollution has probably been with us ever since we discovered fire. The industrial revolution was probably the beginning of serious water pollution. In the long history of the human race, it is only recently that we have become aware that the most important thing we've been polluting is our own bodies. We must now start to seriously deal with all these problems.

私たち人類は、非常に長い間環境を汚染してきています。大気汚染は火を発見して以来のものでしょう。産業革命は深刻な水質汚染の始まりだったでしょう。人類の長い歴史の中で、汚染してきた最も重要なものが自分たちの体だったことをようやく最近になって認識したのです。我々はこうした問題に今すぐ真剣に取り組まなくてはなりません。

Week 10   213〜214ページ

A

1. Which picture shows the transfer charge mentioned in the passage?（この文で述べられている送金手数料を表しているイラストはどれですか）
   - **B** 本文で five to ten percent と述べられている。
2. What kind of bank card does the woman speak about?（女性はどんな種類の銀行カードについて話していますか）
   - **C** 「どんなバンクカードの話をしているか」だから、会話中に登場しているカードは international しかない。
3. What is too slow?（遅すぎると言われているものは何ですか）
   - **D** too slow「遅すぎる」ものとして述べられているものは "checks" だけである。
4. What is the man's problem?（男性にとっての問題は何ですか）
   - **C** いろいろな換金の方法が述べられているが、どの方法も都合が良くないのが問題である。

Transcript

Man:		I hate having money transferred from overseas! You always lose money on the conversion rate. And the transfer charges take another five to ten percent!
Woman:		Couldn't you get an international bank card?
Man:		I already have one. The charges are way too high! And checks are too slow!
Woman:		I guess you do have a problem, don't you?
男性：		海外からの送金にはいやになっちゃうよ。換金レートで必ず損をするんだから。その他に換金手数料も5パーセントから10パーセントかかるし。
女性：		国際バンクカードは作れないの？
男性：		もう持っているよ。手数料がずっと高いんだ。小切手は遅いし。
女性：		それは困っちゃうわね。

B

5. course
6. take
7. signed
8. ways
9. rich
10. take

Transcript

A: What kind of course are you planning to take this year?
B: Oh, I've just signed up for the course in business. I hear that we can learn ways to get rich.
A: It's good to know that. I was wondering what course I should take. I think I'm going to take it up.

A: 今年はどんなコースを取るつもりなの？
B: ああ、今ビジネスのコースに登録してきたところだよ。金持ちになる方法を学べるって聞いたからね。
A: それはいいことを知ったわ。どのコースを取ろうか考えていたけど、それを取ることにするわ。

著者紹介

松本 茂（まつもと・しげる）
東海大学教授。マサチューセッツ大学大学院修士課程修了（コミュニケーション教育学専攻）。マサチューセッツ大学ディベート・コーチ、明海大学助教授、神田外語大学助教授などを経て現職。主な著書に『頭を鍛えるディベート入門』（講談社）、『悶々と悩む英語の疑問77』（NHK出版）、『速読速聴・英単語』（増進会出版社）ほかがある。

立山 利治（たてやま・としはる）
国際武道大学助教授。東洋大学経済学部卒。通訳ガイド養成所（現・日本外国語専門学校）専任講師を経て現職。主な著書に『TOEICテスト攻略本』（旺文社）、『英検の英語・準2級』（荒竹出版）、『完全対策TOEICの総合演習』（桐原書店）ほかがある。

板場 良久（いたば・よしひさ）
獨協大学助教授。ミネソタ大学大学院博士課程修了（スピーチ・コミュニケーション学専攻）。ミネソタ大学スピーチ・コーチ、神田外語大学助教授を経て現職。主な著書に『20世紀の証言』（共同執筆，アルク）、『TOEICテスト・イディオム』（旺文社）がある。

Dennis Smith（デニス・スミス）
英文ライター兼翻訳家。大学用英語教材の執筆、NHK『とっさのひとこと』テキスト執筆、出演、および演技指導などで活躍する。主な著書に *Gateway to Communication*, *Tell Me Why*, *Spotlight on America*（いずれも三修社）がある。現在、パナマ在住。

スピードトレーニング　英語の聴解

2000年 4月20日　初版発行
2000年10月 5日　第4刷発行

監修	松本 茂
著者	松本 茂
	立山 利治
	板場 良久
	デニス・スミス
	©Shigeru Matsumoto, Toshiharu Tateyama, Yoshihisa Itaba, Dennis Smith, 2000
発行者	小笠原 敏晶
発行所	株式会社 ジャパンタイムズ
	〒108-0023　東京都港区芝浦4-5-4
	電話 (03) 3453-2013 ［出版営業］
	(03) 3453-2797 ［出版編集］
	ジャパンタイムズブッククラブ（ホームページ）
	http://bookclub.japantimes.co.jp/
	振替口座　00190-6-64848
印刷所	壮光舎印刷株式会社

定価はカバーに表示してあります。
万一、乱丁落丁のある場合は送料当社負担でお取り替えいたします。ジャパンタイムズ出版部宛にお送りください。
Printed in Japan

ISBN4-7890-1008-2